ADVOCACIA da CONCORRÊNCIA:

propostas com base nas experiências
BRASILEIRA E INTERNACIONAL

ADVOCACIA da CONCORRÊNCIA

propostas com base nas experiências BRASILEIRA E INTERNACIONAL

Alexandre Jorge dos Reis Júnior
Ana Carolina Estevão
Ana Elisa Laquimia de Souza
Andréa da Cunha Cruz
Beatriz Faustino França Mori
Caio Mario da Silva Pereira Neto
Carolina Milani Marchiori
Cesar Mattos
Denis Alves Guimarães
Eduardo Carvalhaes
Enrico Spini Romanielo
Felipe Zolezi Pelussi
Francisco Amaral de Almeida Sampaio
Guilherme Favaro Corvo Ribas
Itamar Carvalho Júnior
Jackson de Freitas Ferreira
José Augusto de Leça Pereira
José Inácio F. de Almeida Prado Filho
Juliana Oliveira Domingues
Maria Cecília Andrade
Mateus Piva Adami
Pedro Paulo Salles Cristofaro
Ricardo Franco Botelho
Vinicius da Silva Ribeiro

EDITORA SINGULAR

IBRAC
INSTITUTO BRASILEIRO DE ESTUDOS DE CONCORRÊNCIA, CONSUMO E COMÉRCIO INTERNACIONAL

A244 Advocacia da concorrência: propostas com base nas experiências brasileira e internacional. / Caio Mario da Silva Pereira Neto; Alexandre Jorge dos Reis Júnior; Ana Carolina Estevão; Ana Elisa Laquimia de Souza; Andréa da Cunha Cruz; Beatriz Faustino França Mori; Carolina Milani Marchiori; Cesar Mattos; Denis Alves Guimarães; Eduardo Carvalhaes; Enrico Spini Romanielo; Felipe Zolezi Pelussi; Francisco Amaral de Almeida Sampaio; Guilherme Favaro Corvo Ribas; Itamar Carvalho Júnior; Jackson de Freitas Ferreira; José Augusto de Leça Pereira; José Inácio F. de Almeida Prado Filho; Juliana Oliveira Domingues; Maria Cecília Andrade; Mateus Piva Adami; Pedro Paulo Salles Cristofaro; Ricardo Franco Botelho; Vinicius da Silva Ribeiro. São Paulo: Singular, 2016.

144 p.

ISBN: 978-85-86626-89-0

1. Advocacia da Concorrência. 2. Direito da Concorrência. 3. Regulação Econômica. 4. Conselho Administrativo de Defesa Econômica (Cade). 5. Secretaria de Acompanhamento Econômico (Seae). I. Comitê de Regulação do Instituto Brasileiro de Estudos de Concorrência, Consumidor e Comércio Internacional (IBRAC).

CDU: 346

Revisão: Paula Brito Araújo
Capa e Diagramação: Brandão Design

IBRAC – Instituto Brasileiro de Estudos de Concorrência, Consumo e Comércio Internacional

Rua Cardoso de Almeida 788 cj 121
05013-001 – São Paulo – SP Brasil
Tel/Fax: 55 11 3872-2609 | 3673-6748
www.ibrac.org.br
jcb@ibrac.org.br

SUMÁRIO

SIGLAS

AIR	–	Análise de Impacto Regulatório
ANA	–	Agência Nacional de Águas
ANAC	–	Agência Nacional de Aviação Civil
ANATEL	–	Agência Nacional de Telecomunicações
ANCINE	–	Agência Nacional do Cinema
ANEEL	–	Agência Nacional de Energia Elétrica
ANP	–	Agência Nacional do Petróleo, Gás Natural e Biocombustíveis
ANTAQ	–	Agência Nacional de Transportes Aquaviários
ANTT	–	Agência Nacional de Transportes Terrestres
ANVISA	–	Agência Nacional de Vigilância Sanitária
BRE	–	*Better Regulation Executive*, Reino Unido
CADE	–	Conselho Administrativo de Defesa Econômica
CAMEX	–	Câmara de Comércio Exterior
CC	–	Competition Commission, Reino Unido
CFC	–	Centro de Formação de Condutores
CMA	–	Competition & Markets Authority, Reino Unido
COGAP	–	Coordenação-Geral de Análise de Promoções Comerciais e Regulação de Loterias, SUDEP, SEAE
COGCI	–	Coordenação-Geral de Comércio Internacional, SUDEP, SEAE
COGCR	–	Coordenação-Geral de Advocacia da Concorrência em Setores Regulados, SUCON, SEAE

COGEN – Coordenação-Geral de Energia, SUINFRA, SEAE

COGPC – Coordenação-Geral de Promoção da Concorrência, SUCON, SEAE

COGTL – Coordenação-Geral de Transporte e Logística, SUINFRA, SEAE

COGUN – Coordenação-Geral de Infraestrutura Urbana e Recursos Naturais, SUINFRA, SEAE

Denatran – Departamento Nacional de Trânsito

Detran – Departamento Estadual de Trânsito

DOJ – Department of Justice, Estados Unidos

DOU – Diário Oficial da União

ESAF – Escola de Administração Fazendária, Ministério da Fazenda

FTC – Federal Trade Commission, Estados Unidos

GLP – Gás Liquefeito de Petróleo

ICN – *International Competition Network*

MDIC – Ministério do Desenvolvimento, Indústria e Comércio Exterior

MPF – Ministério Público Federal

OCDE – Organização para a Cooperação e Desenvolvimento Econômico

OFT – *Office of Fair Trading*, Reino Unido

OIRA – *Office of Information and Regulatory Affairs*, OMB, Estados Unidos

OMB – *Office of Management and Budget*, Estados Unidos

PL – Projeto de Lei

PROCON – Órgão Público de Proteção e Defesa do Consumidor

SBDC – Sistema Brasileiro de Defesa da Concorrência

SDE	–	Secretaria de Direito Econômico
SEAE	–	Secretaria de Acompanhamento Econômico, Ministério da Fazenda
SUCON	–	Subsecretaria de Análise Econômica e Advocacia da Concorrência, SEAE
SUDEP	–	Subsecretaria de Concorrência Internacional e Defesa da Economia Popular, SEAE
SUINFRA	–	Subsecretaria de Regulação e Infraestrutura, SEAE

SOBRE O IBRAC

O Instituto Brasileiro de Estudos de Concorrência, Consumo e Comércio Internacional – IBRAC é uma associação privada sem fins lucrativos criada em 1992 para fomentar o desenvolvimento de pesquisas, estudos e debates em torno de questões envolvendo concorrência, relções de consumidor e do comércio internacional.

Para atingir esses objetivos o IBRAC vem desempenhando papel ativo na interação com as autoridades antitruste brasileiras e instituições governamentais e não-governamentais, seja através da série histórica de Seminários (Seminário Internacional de Defesa da Concorrência, 22.ª edição; Seminário sobre Comércio Internacional, 16.ª edição; Seminário sobre Relaçãoes de Consumo, 13.ª edição; Seminário de Direito Econômico, em parceria com a UFMG, 9.ª edição) ou por meio dos inúmeros encontros para discutir assuntos específicos suscitados por alterações ou interpretações legislativas.

Há alguns anos consolidaram-se no IBRAC os Cômites Temáticos (formados por profissionais, acadêmicos e estudantes), que vêm ampliando, de forma mais orgânica, o escopo e a qualidade da participação do IBRAC em seus temas de atuação.

Na esteira da publicação do *Antitrust Law in Brazil* em 2015 e *Antitrust Law in Latin América*, em 2016, vem a luz o presente trabalho cuja leitura torna-se indispensável a todos os que queiram se aprofundar na matéria.

Eduardo Caminati
Diretor Presidente

APRESENTAÇÃO

O presente livro é resultado do esforço conjunto do Comitê de Regulação do Instituto Brasileiro de Estudos de Concorrência, Consumo e Comércio Internacional (IBRAC). Criado em 1992, o IBRAC tem por objetivo a realização de pesquisas, estudos e debates com a finalidade de promover o desenvolvimento no País de um regime de livre concorrência dentro de uma política de economia de mercado. O Comitê de Regulação é um comitê temático do IBRAC que envolve diversos profissionais, acadêmicos e estudantes, que se reúnem para discutir temas relacionados à regulação, e elaborar, de forma conjunta e coordenada, pesquisas acerca de questões relevantes da atualidade.

O tema da Advocacia da Concorrência surgiu do interesse comum dos membros do Comitê em aprofundar os estudos na interface entre regulação e antitruste. Ao lado das atividades repressiva (punições) e preventiva (análise de concentrações) das autoridades, a Advocacia da Concorrência tem por objetivo abrir espaços para a competição em setores regulados. Isso é possível por meio da atuação proativa de órgãos como CADE e SEAE, cuja grande experiência microeconômica pode disseminar a cultura da concorrência e contribuir para que os agentes públicos melhorem a qualidade de sua regulação. Daí o objetivo fundamental da advocacia da concorrência em evitar que a atuação estatal gere restrições concorrenciais desnecessárias, mas, ao mesmo tempo, preserve a competência atribuída às autoridades responsáveis pelo desenvolvimento e implantação de políticas públicas.

Trata-se de tema de grande importância, mas pouco estudado no Brasil. Assim, com o propósito de compreender a experiência e o *status* atual das atividades de advocacia da concorrência no

País, identificar os principais problemas envolvidos e propor possíveis soluções, os membros do Comitê de Regulação do IBRAC passaram a empreender uma ampla pesquisa sobre o tema, com estudos de casos e análises críticas e propositivas.

O resultado de tal investigação foi sistematizado em um *paper* acadêmico e divulgado no seminário promovido pelo IBRAC em parceria com a Escola de Direito de São Paulo da Fundação Getulio Vargas (FGV Direito SP), no dia 25 de setembro de 2015. O evento contou com a participação de Paulo Corrêa, Secretário da SEAE à época; Diogo Coutinho, Professor da Universidade de São Paulo - USP; Luiz Alberto Esteves, Economista-Chefe do CADE; e Ricardo Sampaio da Silva Fonseca, Coordenador de Acompanhamento de Mercado da Secretaria de Aviação Civil da Presidência da República - SAC. O evento não só proporcionou um rico debate entre os participantes em torno das perspectivas quanto ao exercício advocacia da concorrência no Brasil, como auxiliou o Comitê no aperfeiçoamento do texto ora publicado neste livro.

Espera-se, assim, que o estudo empreendido pelos membros do Comitê de Regulação do IBRAC possa contribuir para ampliar o debate em torno da advocacia da concorrência e abrir espaço a novas agendas de pesquisa no tema.

Caio Mario da Silva Pereira Neto

Diretor do Comitê de Regulação do IBRAC

SOBRE OS AUTORES

Participaram das pesquisas e da elaboração do texto desta publicação os seguintes membros do Comitê de Regulação do IBRAC:

ALEXANDRE JORGE DOS REIS JÚNIOR

Graduado pela Faculdade de Direito da Universidade de São Paulo. Pós-graduando em Business pelo Insper. Consultor Júnior na Falconi Consultores de Resultado.

ANA CAROLINA ESTEVÃO

Graduada em Direito, pós-graduada em Direito Constitucional pela Pontifícia Universidade Católica de São Paulo e Mestre em Direito Antitruste pela New York University.

ANA ELISA LAQUIMIA DE SOUZA

Graduada pela Faculdade de Direito da Universidade de São Paulo. Advogada de E. Munhoz Advogados.

ANDRÉA DA CUNHA CRUZ

Graduada pela Faculdade de Direito da Universidade de São Paulo e pós-graduada em Direito Econômico Regulatório pela Fundação Getulio Vargas de São Paulo. Advogada da área de Direito Econômico do Cascione, Pulino, Boulos & Santos Advogados.

BEATRIZ FAUSTINO FRANÇA MORI

Pós-graduada em Direito Administrativo pela Pontifícia Universidade Católica de São Paulo. Diretora da Associação Brasileira de Direito da Tecnologia da Informação e das Comunicações (ABDTIC). Associada de Mundie e Advogados.

CAIO MARIO DA SILVA PEREIRA NETO

Professor de Direito Econômico da FGV Direito São Paulo, Mestre (LL.M.) e Doutor em Direito (JSD) pela Universidade de Yale. Diretor de Regulação do IBRAC. Sócio fundador do escritório Pereira Neto | Macedo Advogados.

CAROLINA MILANI MARCHIORI

Graduada pela Pontifícia Universidade Católica de São Paulo. Advogada da área de Direito Público e Regulação de Pereira Neto | Macedo Advogados.

CESAR MATTOS

Mestre em Economia pela Pontifícia Universidade Católica do Rio de Janeiro e Doutor em Economia pela Universidade de Brasília, com estudos na Universidade de Oxford (UK). Ex-Conselheiro do Conselho Administrativo de Defesa Econômica. Consultor Legislativo na Câmara de Deputados. Economista.

DENIS ALVES GUIMARÃES

Professor Colaborador do Mestrado em Direito da Universidade Católica de Brasília. Doutor em Direito Econômico e Financeiro pela Universidade de São Paulo e Michigan Grotius Research Scholar, Center for International and Comparative Law, University of Michigan Law School. Sócio da consultoria AGPR.

EDUARDO CARVALHAES

Mestre e Doutor em Direito do Estado pela Universidade de São Paulo. Diretor da Associação Brasileira de Direito da Tecnologia da Informação e das Comunicações (ABDTIC). Sócio de Barbosa Müssnich Aragão.

ENRICO SPINI ROMANIELO

Pós-graduado em Direito Econômico pela Fundação Getulio Vargas e Mestre em Direito Comercial pela Universidade de São Paulo. Associado de Mundie e Advogados.

FELIPE ZOLEZI PELUSSI

Graduado em Direito pela Universidade de São Paulo. Advogado da área de Concorrencial de Mattos Filho, Veiga Filho, Marrey Jr. e Quiroga Advogados.

FRANCISCO AMARAL DE ALMEIDA SAMPAIO

Graduado pela Pontifícia Universidade Católica de São Paulo. Associado de Mundie e Advogados.

GUILHERME FAVARO CORVO RIBAS

Mestre em Direito Comercial e Doutor em Direito Administrativo pela Universidade de São Paulo. Diretor de Publicações do IBRAC. Sócio de Mundie e Advogados.

ITAMAR CARVALHO JÚNIOR

Pós-graduado em Direito Administrativo pela Pontifícia Universidade Católica de São Paulo. Advogado na ICJ – Advocacia e Consultoria Jurídica.

JACKSON DE FREITAS FERREIRA

Graduado pela Faculdade de Direito da Universidade de São Paulo. Advogado da área Antitruste de TozziniFreire Advogados.

JOSÉ AUGUSTO DE LEÇA PEREIRA

Estudou na Pontifícia Universidade Católica de São Paulo, na Faculdade de Direito da Universidade de Coimbra e na Law School da University of Pennsylvania. Diretor da Associação Brasileira de Direito da Tecnologia da Informação e das Comunicações (ABDTIC). Diretor de Assuntos Jurídico-Regulatórios e concorrenciais da Telefônica do Brasil.

JOSÉ INÁCIO F. DE ALMEIDA PRADO FILHO

Doutor em Direito Comercial pela Faculdade de Direito da Universidade de São Paulo. Graduado em Direito pela Faculdade de Direito da Universidade de São Paulo e em Economia pela Escola de Economia de São Paulo da Fundação Getulio Vargas. Sócio da área de prática de Direito Concorrencial de Barbosa Müssnich Aragão.

JULIANA OLIVEIRA DOMINGUES

Professora Doutora de Direito Econômico do Departamento de Direito Público da Universidade de São Paulo. Coordenadora da pós-graduação em Direito Econômico da FDRP/USP. Advogada e Consultora.

MARIA CECÍLIA ANDRADE

Graduada em Direito pela Universidade Católica de Salvador/BA. Pós-graduada em Direito da Economia e da Empresa pela Faculdade de Administração da Fundação Getulio Vargas. Mestre em Direito das Empresas pela Faculdade de Direito da Universidade de Coimbra. Doutoranda em Direito Econômico pela Faculdade de Direito da Universidade de Coimbra. Chief Compliance Officer da Odebrecht Transport.

MATEUS PIVA ADAMI

Mestre em Direito do Estado pela Universidade de São Paulo. Professor do programa de pós-graduação lato sensu da FGV Direito SP (GVlaw). Diretor da Associação Brasileira de Direito da Tecnologia da Informação e das Comunicações (ABDTIC). Sócio de Pereira Neto Macedo Advogados.

PEDRO PAULO SALLES CRISTOFARO

Professor de Direito Comercial e de Direito da Concorrência da Faculdade de Direito da Pontifícia Universidade Católica do Rio de Janeiro. Mestre pela Université de Paris X, Nanterre (D.E.S.S. de Direito do Comércio Internacional). Membro do Conselho Deliberativo do IBRAC. Sócio de Lobo & Ibeas Advogados.

RICARDO FRANCO BOTELHO

Graduado pela Faculdade de Direito da Universidade de São Paulo, pós-graduado em Economia pela Fundação Getulio Vargas de São Paulo e Mestre em Direito Concorrencial pela King's College London. Sócio de Cascione, Pulino, Boulos & Santos Advogados.

VINICIUS DA SILVA RIBEIRO

Graduado pela Pontifícia Universidade Católica de São Paulo. Associado de Mundie e Advogados.

1
INTRODUÇÃO

1.1 ADVOCACIA DA CONCORRÊNCIA: UMA AGENDA IMPORTANTE PARA O BRASIL

É de conhecimento geral que a área de defesa da concorrência pode ser fundamentalmente subdividida em três ramos: o *controle preventivo*, realizado por meio de procedimentos compulsórios chamados atos de concentração, destinados a controlar previamente a formação de estruturas de mercado excessivamente concentradas; o *controle repressivo*, feito por meio de investigações e penalizações de condutas anticompetitivas que tramitam sob a forma de procedimentos e processos administrativos sancionadores; e a *advocacia da concorrência*, que envolve todas as demais atividades relacionadas à política de defesa da concorrência e que não é realizada por meio de procedimento específico regulado pela Administração Pública – conforme será analisado nesta obra.

Como se sabe, a defesa da concorrência começa a se tornar efetiva no Brasil na década de 1990, já no contexto da chamada Reforma do Estado e por meio da aprovação da Lei n. 8.158/1991 e da Lei n. 8.884/1994.

A Lei n. 8.158/1991 introduziu reformas no sistema de proteção da concorrência, a serem depois consolidadas e superadas pela edição do novo marco legal, a Lei n. 8.884/1994, a qual fortaleceu institucionalmente o Conselho Administrativo de Defesa Econômica (CADE), bem como trouxe novos contornos a Secretarias integrantes da estrutura dos Ministérios da Justiça e da Fazenda. Com a aprovação da Lei, tais Secretarias ganharam novas competências em matéria de defesa da concorrência e passaram a se chamar, respectivamente, Secretaria de Direito Econômico (SDE) e Secretaria de Acompanhamento Econômico (SEAE).

Nesse contexto de implementação do novo marco legal, foi natural que os três órgãos brasileiros de defesa da concorrência – conjuntamente chamados de Sistema Brasileiro de Defesa da Concorrência (SBDC) – estabelecessem prioridades de atuação.

Observa-se que, de 1994 a 2002, houve priorização da análise dos atos de concentração (controle preventivo), nos quais o CADE ocupou papel fundamental. A partir de 2003, sob a liderança da SDE, ganha destaque na política de defesa da concorrência brasileira o combate aos cartéis (controle repressivo), em trabalho conjunto com outros órgãos, tais como Ministério Público, Polícia Federal e Advocacia-Geral da União, bem como com o Poder Judiciário.

A menção ao CADE e à SDE como principais impulsionadores, respectivamente, das fases em que se vislumbra foco nas políticas de controle preventivo (1994-2002) e nas políticas de controle repressivo (2003-2011 – esse último período com foco nas práticas de cartel) em nada diminui a importância da SEAE como órgão integrante do SBDC. Pelo contrário, a SEAE, nos dois períodos aqui referidos, sempre teve a reputação de um órgão com larga *expertise* técnica em análise econômica, a despeito de não possuir poder de decisão nos atos de concentração e investigações de condutas anticompetitivas.

Informalmente, diante das sobreposições de competências com a SDE, notou-se uma atuação da SEAE mais focada nas atividades de controle preventivo e de advocacia da concorrência, enquanto a SDE se concentrava mais nas atividades de instrução de investigações repressivas.

Como também é de amplo conhecimento, sobreposições de competências entre os três órgãos do SBDC foram um dos importantes motivos que levaram à reforma da lei brasileira de defesa da concorrência, concluída em 2011 com a aprovação da Lei n. 12.529, em 30 de novembro de 2011 (Lei n. 12.529/2011). Sob a responsabilidade do CADE (que incorporou a antiga SDE, atual Superintendência-Geral), o desafio passou a ser a manutenção e o aprimoramento do combate aos cartéis e da utilização do programa de leniência, e ao mesmo tempo se adaptar às grandes mudanças trazidas ao controle preventivo, que passa a ser feito *a priori* – antes da consumação das operações a serem aprovadas pelo CADE no âmbito dos atos de concentração.

A Lei n. 12.529/2011 deslocou as competências da SEAE para fora dos processos de controle preventivo e repressivo, com o objetivo de eliminar as citadas sobreposições de competências e fazer dessa Secretaria um órgão focado justamente naquele terceiro ramo da política antitruste: a advocacia da concorrência.

É verdade que o novo CADE tem conseguido manter evolução contínua das políticas de controle preventivo (estruturas) e repressivo (condutas), bem como que a SEAE, como será visto em detalhe, já vinha atuando como advogada da concorrência antes mesmo da promulgação da Lei n. 12.529/2011. Entretanto, nossa obra confirma, também com base na experiência internacional, que há espaço para o fortalecimento da política de advocacia da concorrência no Brasil.

É de grande importância o exercício desse papel desempenhado pela SEAE, ao evitar restrições desnecessárias à concorrência que possam ser geradas pela edição de leis e regulamentos de caráter anticompetitivo nos níveis federal, estaduais e municipais. Assim, é possível que o exercício dessa competência contribua para elevar o nível da regulamentação adotada por cada esfera da federação.

Nossa obra também demonstra que a advocacia da concorrência pode, inclusive, resultar em uma melhor interação entre os diversos órgãos da Administração Pública. Isso ocorre especialmente quando as autoridades concorrenciais se veem obrigadas a lidar com marcos regulatórios que impactam as condições de concorrência do setor em questão – seja na análise de estruturas ou condutas.

Isso é particularmente importante para que também haja uma interação eficiente e harmônica entre o trabalho dos novos órgãos integrantes do SBDC e o trabalho dos órgãos responsáveis pela atividade regulatória, exercida pelas agências reguladoras dos setores de infraestrutura, bem como com outros órgãos públicos das administrações federal, estaduais e municipais.

Ao contrário do que pode parecer, o tema não perde importância com a reformulação dos ministérios anunciada pelo Governo Federal em 2016. Pelo contrário, tal fato apenas chama atenção para a necessidade de manter, qualquer que venha a ser a nova configuração administrativa, a preocupação em preservar e avançar com uma agenda microeconômica – não apenas envolvendo as atividades de advocacia da concorrência, mas também atividades mais amplas de avaliação (e reavaliação) de outros aspectos microeconômicos do funcionamento dos mercados.

Como se verá adiante, além de ter desempenhado importante papel institucional na aplicação da Lei n. 8.884/1994, a SEAE teve valorosa atuação, nos últimos anos, como órgão de advocacia da concorrência. Isso permitiu que a Secretaria acumulasse anos de experiência em análises microeconômicas complexas, que não devem ser desperdiçados. Daí a relevância da presente obra, sobretudo no contexto de reorganização do governo, para a reflexão sobre qual a melhor forma de exercício da advocacia da concorrência no país.

O Instituto Brasileiro de Estudos de Concorrência, Consumo e Comércio Internacional (IBRAC) espera que este livro possa i) contribuir para o debate público sobre uma vertente da política antitruste muitas vezes pouco explorada; e ii) incrementar o diálogo entre os setores público e privado, bem como entre diferentes órgãos públicos no que diz respeito a essa importante agenda de política microeconômica brasileira, a advocacia da concorrência.

1.2 UM CONCEITO

Por advocacia da concorrência se entende todas as atividades conduzidas pela autoridade concorrencial relacionadas à promoção de um ambiente competitivo por meio de mecanismos de *non-enforcement*, sobretudo mediante relações com outros órgãos governamentais, e pela maior conscientização da sociedade para os benefícios da concorrência[1].

1. ICN ADVOCACY WORKING GROUP. Advocacy and Competition Policy Report. *Conference*, Naples, Italy, 2002. Disponível em: <www.internationalcompetitionnetwork.org/uploads/library/doc358.pdf>. Acesso em: 07.08.2015.

Assim, a prática em advocacia da concorrência inclui convencer outras autoridades públicas a não adotar medidas anticompetitivas desnecessárias, bem como assistir a agências reguladoras no delineamento da regulação de atividades econômicas, considerando os aspectos concorrenciais envolvidos em cada mercado.

A literatura estrangeira aponta que uma política regulatória anticompetitiva pode resultar do *lobby*[2] de agentes econômicos interessados ou mesmo como uma consequência não intencional de uma regulação, apesar disso, bem-intencionada[3]. Qualquer que seja a razão, o certo é que apenas a repressão de práticas anticompetitivas (*enforcement*) não basta para garantir um ambiente concorrencial saudável, sendo igualmente fundamental que se previna a formulação de políticas regulatórias que comprometam a concorrência. Um cenário ideal procura compatibilizar essas duas formas de atuação.

Quanto à promoção da chamada "cultura da concorrência", a intenção é familiarizar entidades públicas, o Judiciário, agentes econômicos e a sociedade em geral com as vantagens de uma legislação ou política atentas a preocupações concorrenciais, através dos mais diversos meios (*e.g.*, seminários, imprensa, publicação de relatórios e diretrizes etc.).

---

2. A referência aqui feita é ao conceito de *lobby lícito*, que "obedece ao ordenamento jurídico existente, pode trazer contribuições positivas para os tomadores de decisão, ao fornecer-lhes informações sobre os itens que figuram na agenda decisória; para a opinião pública, ao fomentar e aprofundar o debate sobre questões coletivas; para os interesses representados, ao garantir-lhes que seu ponto de vista receberá atenção dos decisores; e para o sistema político como um todo, cuja legitimidade é fortalecida quando as demandas de segmentos sociais relevantes são consideradas" (MANCUSO, Wagner Pralon. *Lobby*. In: DI GIOVANNI, Geraldo; NOGUEIRA, Marco Aurélio (orgs.). *Dicionário de Políticas Públicas* A-L. São Paulo: FUNDAP, 2013, p. 539). O conceito de *lobby lícito* é amplamente reconhecido na literatura internacional. Nesse sentido: LUNEBURG, William V.; SUSMAN, Thomas M.; GORDON, Rebecca H (eds.). *The Lobbying Manual*: a complete guide to federal lobbying law and practice. 4. ed. Chicago: ABA Publishing (American Bar Association, Section of Administrative Law and Regulatory Practice), 2009.

3. ICN ADVOCACY WORKING GROUP, op. cit.

Em outras palavras, portanto, a advocacia da concorrência vem para fazer cumprir a missão de defesa da concorrência por vias outras que não a do *enforcement*, a partir de um viés promocional e em abstrato preocupado com a estruturação da regulação econômica e a compreensão, pela sociedade, da relevância de um ambiente competitivo para as atividades econômicas.

2

O MARCO REGULATÓRIO BRASILEIRO

No Brasil, o exercício da advocacia da concorrência é relativamente recente, dado que, até pouco tempo atrás, não havia um cenário institucional favorável à implementação de ferramentas efetivas de defesa da concorrência e dos mercados.

Até a década de 1990, o que se observou no Brasil foi uma sucessão de leis e normas de direito da concorrência que visavam alcançar objetivos exógenos à livre competição. A agenda relativa ao controle do mercado apenas buscava, por meio de medidas intervencionistas do Estado, tratar de temas como administração de preços[4] e imposições de limites e restrições sobre empresas estrangeiras.

Mesmo a promulgação da Constituição Federal de 1988 e a consolidação da livre competição como princípio da ordem econômica (art. 170, IV) não foram suficientes para automaticamente fortalecer a defesa da concorrência – muito menos a advocacia da concorrência, permanecendo a legislação até então existente praticamente ineficaz e a atividade estatal nesse ramo quase nula.

Foi necessário intenso debate para aprovar um novo marco legal, a já superada Lei n. 8.884/1994[5], que garantisse, efetivamente,

---

4. FRANCO, Gustavo H. B. CADE: seu foco e seu lugar. In: *Crônicas da Convergência*: ensaios sobre temas já não tão polêmicos. 2. ed. Rio de Janeiro: Topbooks, 2006, p. 437-439.

5. FRANCO, Gustavo H. B. op. cit., que reporta intensos debates durante o segundo semestre de 1993, pelas equipes dos então Ministros Fernando Henrique Cardoso (Fazenda) e Alexandre Dupeyrat (Justiça).

as condições legais e institucionais para o concreto exercício da defesa da concorrência[6]. De fato, a década de 1990 se destacou pela implementação de "um conjunto de medidas institucionais que marcaria a transição para uma nova ordem econômica [na qual] [...] a defesa da concorrência seria, assim, um modelo alternativo, liberal, que deveria substituir os velhos mecanismos, intervencionistas, de administração de preços"[7].

O fortalecimento institucional da defesa da concorrência gerou não só o aumento da efetividade da aplicação de mecanismos de prevenção e repressão aos abusos do poder econômico, como também desencadeou um ciclo de implementação da advocacia da concorrência – até então inexistente –, ainda que sem previsão legal explícita nesse momento[8].

Essa nova fase de amadurecimento institucional e econômico demandou, assim, "sedimentar a cultura da concorrência nas diferentes esferas de governo e sociedade", de forma a permitir

6. Vale notar que algumas mudanças institucionais já começavam a ser adotadas em 1991, por meio da Lei n. 8.158/1991, que introduzia reformas no sistema de proteção da concorrência, a serem depois consolidadas e superadas pela edição do novo marco legal, a Lei n. 8.884/1994.

7. PRADO, Luis Carlos Delorme. Defesa da Concorrência e Desenvolvimento: notas sobre o debate e sua aplicação no caso brasileiro. In: MONTEIRO FILHA, Dulce; PRADO, Luis Carlos Delorme; LASTRES, Helena M. M. (orgs.). *Estratégia de desenvolvimento, política industrial e inovação*: ensaios em memória de Fabio Erber. Rio de Janeiro: BNDES, 2014, p. 296.

8. De fato, ao longo da vigência da Lei n. 8.884/1994 e na medida em que a defesa da concorrência foi sendo institucionalizada no Brasil, houve iniciativas de políticas públicas e de regulamentação de diversos setores que efetivamente consideraram a dimensão da defesa da concorrência. Exemplos incluem colaborações entre diferentes órgãos e a discussão de marcos regulatórios em setores como portos e transportes, além da atuação (na forma de recomendações) junto a governos estaduais e municipais, quando a sua regulamentação pudesse ameaçar a livre concorrência (cf. *Lei e Política de Concorrência no Brasil, uma revisão pelos pares* – Banco Interamericano de Desenvolvimento (BID) e Organização para a Cooperação e o Desenvolvimento Econômico (OCDE), 2005, disponível em: <http://www.oecd.org/brazil/35684126.pdf>. Acesso em: 07.08.2015).

uma advocacia da concorrência mais "proativa e abrangente"[9], o que passa por municiar os agentes econômicos e o próprio Estado com ferramentas e conhecimentos de defesa da concorrência que auxiliem na tomada de qualquer decisão.

Segundo Adriano Costa, Marcelo Ramos e Roberto Taufick[10], a advocacia da concorrência no âmbito da Lei n. 8.884/1994 foi atribuída ao CADE e à SDE do Ministério da Justiça (arts. 7º e 14). A SDE, por iniciativa exclusiva ou em conjunto com o CADE, desenvolvia guias, brochuras, intercâmbios e seminários dirigidos a grupos específicos ou ao público em geral.

Entretanto, sustentam os autores que a SEAE do Ministério da Fazenda – que, junto com CADE e SDE, compunha o SBDC –,

---

9. OLIVEIRA, Gesner. Defesa da Concorrência em países em desenvolvimento: aspectos da experiência do Brasil e do Mercosul. *42ª Reunião do Fórum Permanente da Concorrência*. p. 8-9 (disponível em: <http://bibliotecadigital.fgv.br/dspace/bitstream/handle/10438/1863/TD66.pdf?sequen>. Acesso em: 16.08.2015). É interessante notar que o autor descreve quatro fases de evolução para o desenvolvimento institucional (e seus respectivos elementos), e a advocacia da concorrência já é mencionada desde a Fase I, etapa em que essa atividade consistiria em "disseminar valores concorrenciais junto aos setores público e privado [...] particularmente importante em países recém-egressos de regimes estatistas como os da Europa do Leste e da América Latina"; de certa forma, elementos de advocacia da concorrência parecem implícitos em evoluções da Fase III, onde se acrescentam mecanismos de articulação e cooperação institucional, em particular com agências reguladoras domésticas incumbidas da proteção da concorrência em setores regulados; na Fase IV (de maturidade institucional), fala-se finalmente em "sedimentar a cultura da concorrência nas diferentes esferas de governo e sociedade de sorte a permitir uma advocacia da concorrência mais proativa e abrangente" (p. 7-9). Vale frisar que o autor relativiza a linearidade e a necessidade das quatro fases de evolução, afirmando que, embora se trate de uma moldura analítica útil, os países não precisam, necessariamente, percorrer tais etapas exatamente na forma ali descrita, sobretudo dadas as diferentes circunstâncias históricas (p. 10-11). Mais do que isso: de forma semelhante ao processo de industrialização, quanto mais recente a experiência do país em defesa da concorrência, tanto mais se sobrepõem/encurtam tais fases, catalisadas pelo processo de globalização (p. 11).

10. COSTA, Adriano Augusto do Couto; RAMOS, Marcelo de Mattos; TAUFICK, Roberto Domingos. A New Horizon for Competition Advocacy in Brazil. In: CUGIA, Fabrizio; NOORMOHAMED, Rehman; GUIMARÃES, Denis Alves (eds.). *Communications and Competition Law*: Key Issues in the Telecoms, Media and Technology Sectors. Alphen aan den Rijn, The Netherlands: International Bar Association Series/Kluwer Law International, 2015, p. 362-364.

a despeito da inexistência de previsão legal específica determinando tal atribuição, tornou-se uma efetiva advogada da concorrência.

A SEAE foi criada em 1º de janeiro de 1995, quase seis meses após a promulgação da Lei n. 8.884/1994. De acordo com a Lei, a Secretaria tinha a faculdade de emitir pareceres em investigações de condutas anticoncorrenciais, bem como o dever de emitir pareceres no âmbito de atos de concentração. Apesar de não haver previsão específica sobre atividades de advocacia da concorrência, atos normativos infralegais que disciplinavam as competências do Ministério da Fazenda que foram desconcentradas para a SEAE estabeleceram diretrizes de atuação pertinentes a atividades que se encaixam no conceito de advocacia da concorrência[11].

Pelo menos desde o início da década de 2000 havia o diagnóstico de que o SBDC precisava ser reformado para ganhar em eficiência, o que significaria unificar algumas das atividades que eram realizadas por duas ou mais das três autoridades antitruste aqui referidas (CADE, SDE e SEAE). Nesse sentido, após intensos debates internos, o governo enviou ao Congresso o Projeto de Lei (PL) n. 5.877/2005 (que sete anos depois acabaria se tornando a nova lei antitruste), basicamente transferindo poderes da SDE e da SEAE para um novo e fortalecido CADE, e fazendo da SEAE um órgão focado nas atividades de advocacia da concorrência.

Em linha com o referido diagnóstico refletido no PL, a SEAE começou a se preparar para exercer, de forma mais consistente, as

---

11. Durante a vigência da Lei n. 8.884/1994, a SEAE exercia suas funções de advocacia da concorrência com fundamento em dispositivos infralegais que disciplinavam as competências desconcentradas dentro do Ministério da Fazenda que lhe cabiam: cf., exemplificativamente, art. 29 do Decreto n. 7.482/2011 (antes da modificação promovida pelo Decreto n. 8.391/2015); art. 28 do Decreto n. 7.386/2010; art. 27 do Decreto n. 7.301/2010; art. 27 do Decreto n. 7.050/2009; art. 23 do Decreto n. 6.764/2009; art. 17 do Decreto n. 6.661/2008; art. 12 do Decreto n. 6.531/2008; art. 12 do Decreto n. 6.313/2007; art. 11 do Decreto n. 6.102/2007 (em sua vigência original, e também em sua vigência revigorada pelo Decreto n. 6.193/2007); art. 11 do Decreto n. 5.949/2006; art. 11 do Decreto n. 5.510/2005; art. 11 do Decreto n. 5.136/2004; art. 11 do Decreto n. 4.643/2003; entre outros.

atribuições de *advocacy*. Sendo assim, em outubro de 2004 houve uma reestruturação organizacional que teve como princípio básico a divisão da Secretaria em Coordenações-Gerais, que eram grupos especializados em diversos setores de mercado, o que facilitou o trabalho de advocacia da concorrência. A despeito de continuar exercendo sua atribuição legal prevista na Lei n. 8.884/1994 no âmbito de atos de concentração e condutas anticompetitivas, a SEAE simultaneamente começava a se preparar para exercer suas atribuições de advogada da concorrência.

Costa, Ramos e Taufick, integrantes da equipe da SEAE, entendem como um marco desse processo de adaptação da Secretaria a adoção do *Competition Assessment Toolkit* da Organização para a Cooperação e Desenvolvimento Econômico (OCDE) – desenvolvido para a avaliação dos aspectos competitivos de padrões regulatórios –, utilizado pela SEAE pela primeira vez no âmbito de uma consulta pública promovida pela Agência Nacional do Cinema (ANCINE) em 2007.

Superado esse ciclo inicial de maturação e a inclusão definitiva da defesa da concorrência no plano político, a advocacia da concorrência ganhou novo contorno com a edição da Lei n. 12.529/2011, que reformou o SBDC.

A legislação passou, então, a distribuir atribuições de advocacia da concorrência a, primordialmente, dois órgãos: o CADE[12] e a SEAE[13], por vezes aparentemente sobrepondo competências[14],

12. Lei n. 12.529/2011, arts. 9º, incisos VIII, XVIII e XIV, e 10, inciso XI.

13. Lei n. 12.529/2011, art. 19. O dispositivo será mais bem abordado na seção 5.

14. Por exemplo, poderia ser interpretado que o art. 9º, VIII ("Art. 9º Compete ao Plenário do Tribunal, dentre outras atribuições previstas nesta Lei: [...] VIII – requisitar dos órgãos e entidades da administração pública federal e requerer às autoridades dos Estados, Municípios, do Distrito Federal e dos Territórios as medidas necessárias ao cumprimento desta Lei;"), e o art. 19, VII ("Art. 19. Compete à Secretaria de Acompanhamento Econômico promover a concorrência em órgãos de governo e perante a sociedade cabendo-lhe, especialmente, o seguinte: [...] VII – manifestar-se, de ofício ou quando solicitada, a respeito do impacto concorrencial de medidas em discussão no âmbito de fóruns negociadores relativos às atividades de alteração

problema que já existia sob a Lei n. 8.884/1994, ainda que em uma escala bem menor, e que persistiu com o novo marco.

Segundo Ricardo Pastore, o conflito – que existia sob a Lei n. 8.884/1994 – teria sido informalmente equacionado com a atribuição à SEAE do dever de promover a concorrência de maneira mais efetiva e ao CADE da atuação de viés repressivo e preventivo. Tal divisão é até uma decorrência lógica da vinculação institucional da SEAE ao Ministério da Fazenda, que lhe atribui grande influência no âmbito interno do governo[15].

Na visão do autor, seria plausível uma aproximação entre a SEAE e órgãos legislativos dos Municípios, Estados e do Distrito Federal, com o intuito de monitoramento das atividades legislativas, a fim de coibir, na fonte, legislações potencialmente anticompetitivas[16]; além de uma verificação dos principais mercados nacionais, para manutenção do estímulo à concorrência[17].

No que também parece uma linha de raciocínio que procura racionalizar a escolha legislativa, Bruno Conde Caselli explica que as novas atribuições da SEAE trazidas pela Lei n. 12.529/2011 proporcionaram uma nova forma de interação entre as agências reguladoras e o SBDC como um todo, na medida em que a SEAE

---

tarifária, ao acesso a mercados e à defesa comercial, ressalvadas as competências dos órgãos envolvidos;"), tivessem funções semelhantes.

15. PASTORE, Ricardo Ferreira. Advocacia da Concorrência no Brasil. In: BRANCHER, Paulo; ZANOTTA, Pedro (orgs.). *Desafios Atuais do Direito da Concorrência.* São Paulo: Singular, 2008, p. 33.

16. Carlos Emmanuel Joppert Ragazzo apresenta conclusão semelhante. Segundo o autor, os marcos regulatórios estaduais e municipais seriam potencialmente menos influenciados pelos propósitos liberalizantes e concorrenciais, mais claros na regulação federal. Assim, sugere, como agenda potencial de advocacia da concorrência, a formação de convênios com governos estaduais e municipais, sem descuidar da melhora regulatória dos setores federais (cf. RAGAZZO, Carlos Emmanuel Joppert. Análise econômica da regulação: o papel da advocacia da concorrência. *Latin American and Caribbean Law and Economics Association (ALACDE) Annual Papers*, p. 21, 2007).

17. PASTORE, Ricardo Ferreira. Advocacia da Concorrência no Brasil. In: BRANCHER, Paulo; ZANOTTA, Pedro (orgs.). *Desafios Atuais do Direito da Concorrência.* São Paulo: Singular, 2008, p. 44.

parece se mostrar preocupada com a qualidade regulatória, como sugere o levantamento de pareceres trazidos pelo autor[18].

O projeto de lei que deu origem à atual Lei n. 12.529/2011, desde sua primeira versão, já estabelecia, no contexto da reorganização do SBDC, que caberia à SEAE o exercício da advocacia da concorrência[19]. A exposição de motivos do PL 5.877/2005 assim descrevia a opção legislativa:

> 8. A Secretaria de Acompanhamento Econômico, do Ministério da Fazenda, permanece como órgão integrante do Sistema Brasileiro de Defesa da Concorrência, passando a ser responsável pela coordenação das atividades relativas à intersecção entre regulação e defesa da concorrência, concentrando-se nas discussões de marcos regulatórios *ex ante* e podendo se manifestar em qualquer caso de concentração econômica ou conduta anticompetitiva. A SEAE passará a opinar sobre as normas enviadas pelas agências reguladoras para consulta pública, elaborará estudos avaliando a situação concorrencial de setores específicos da atividade econômica, poderá propor a revisão de normativos que afetem a livre concorrência e manterá a competência de promover procedimentos administrativos, com o objetivo de formular representação ao CADE. Para o cumprimento de suas atribuições, terá acesso irrestrito às informações da autarquia e poderá requisitar, sem efeitos suspensivos sobre os prazos previstos, informações, documentos ou esclarecimentos de pessoas físicas ou jurídicas ou solicitar à Superintendência-Geral do CADE a realização de diligências.

As propostas de emendas e alterações da redação original pouco mudaram o contexto originalmente proposto – ainda que boa parte das prerrogativas da SEAE previstas ao longo dos incisos do parágrafo primeiro original tenha sido suprimida durante a tramitação legislativa.

---

18. CASELLI, Bruno Conde. A interação entre SEAE e ANP à luz da nova Lei de Defesa da Concorrência (Lei n. 12.529/2011). *Revista do IBRAC*, v. 26, p. 188, jul.-dez. 2014.

19. PL n. 5.877/2005, art. 19.

O debate legislativo, assim, passou ao largo de discussões sobre o escopo de atuação, prerrogativas e obrigações - seja em relação ao próprio Poder Público, seja em relação à sociedade em geral - ou mesmo disposições de natureza organizacional que efetivamente garantissem, independentemente do entorno político institucional, tecnicidade e autonomia à SEAE para o exercício dessa atividade. Ao fim do processo legislativo, o resultado consistiu no estabelecimento de uma competência genérica e abstrata da atividade de advocacia da concorrência, o que já foi reconhecido pela própria SEAE[20].

Como veremos adiante, há vantagens e desvantagens associadas a essa opção legal, mas essa circunstância legislativa coloca em evidência o importante papel que se descortina a partir da fixação do marco legal, no sentido de se construir as bases institucionais mais concretas para o desempenho dessas atividades pela SEAE de forma sólida e consistente.

---

20. *Vide*, por exemplo, publicação de autoria das lideranças da SEAE: "[S]urgiram algumas incertezas sobre a atuação da SEAE/MF. De fato, o mero conhecimento do texto normativo contido no artigo não parece ter sido suficiente para deixar claro o que a Secretaria iria fazer e como isso seria feito" (SILVEIRA, Antonio Henrique P.; SANTANA, Pricilla Maria; FARIA, Ricardo Moura de A. A SEAE e a Advocacia da Concorrência. In: FARINA, Laércio (org.). *A nova lei do Cade*: o 1º ano na visão das autoridades. Ribeirão Preto: Migalhas, 2013, p. 83).

3
A IMPORTÂNCIA E OS FUNDAMENTOS DA ADVOCACIA DA CONCORRÊNCIA

Iniciativas de advocacia da concorrência são particularmente importantes no contexto de países em desenvolvimento que passaram por processos de privatização, desregulamentação e liberalização de atividades econômicas anteriormente conduzidas pelo Estado.

Nesse cenário, a edição de novos marcos regulatórios incentivava os grupos por eles afetados a aumentarem suas atividades de influência (*e.g.*, para manter ou galgar novas posições de vantagem competitiva). Assim, tornaram-se de fundamental importância as atividades de advocacia da concorrência, não só como forma de remover regras e procedimentos anticompetitivos, mas também de garantir a criação de normas e instituições pró-competitivas[21].

---

21. RAGAZZO, Carlos Emmanuel Joppert. Análise econômica da regulação: o papel da advocacia da concorrência. *Latin American and Caribbean Law and Economics Association (ALACDE) Annual Papers*, p. 4-6 e 21, 2007; JORDÃO, Eduardo Ferreira. *Restrições regulatórias à concorrência*. Belo Horizonte: Fórum, 2009, p. 128-129; JORDÃO, Eduardo Ferreira. A advocacia da concorrência como estratégia para redução do impacto anticompetitivo da regulação estatal. *Revista Eletrônica de Direito Administrativo Econômico*, n. 17, p. 11, fev.-mar.-abr. 2009.
Sobre o intenso processo de produção normativa que dá suporte às reformas do estado, cf. FREIRE, Marusa. A atuação do CADE diante da desestatização. *Revista de Direito Econômico*, Brasília, n. 23, p. 67-72, abr.-jun. 1996.

Seria ilusório pensar em primeiro liberalizar os mercados para somente depois defender a concorrência. Esta deve ser parte integrante do próprio processo de liberalização, uma vez que atrasos na constituição de instituições básicas de defesa da concorrência inibem a modernização e a integração da economia[22].

Particularmente no Brasil, as circunstâncias da industrialização brasileira criaram um ambiente de ingerência frequente em variáveis de mercado. Assim, uma das tarefas primordiais da modernização da economia, no país, era a de desonerar o setor privado de ingerências administrativas impertinentes[23-24].

Ademais, as políticas de industrialização baseadas na substituição de importações – atreladas a poucas preocupações com questões de poder de mercado, de eficiência produtiva e de bem-estar do consumidor – teriam levado ao CADE, segundo José

Na literatura internacional, os riscos de um eventual desvio proveniente da nova regulamentação decorrente das reformas do Estado foram discutidos em EVENET, Simon J. Competition advocacy: time for rethink? *Northwestern Journal of International Law and Business*, v. 26, p. 498, 2005-2006; e RODRIGUEZ, A. E.; COATE, Malcolm B. Competition policy in transition economies: the role of competition advocacy. *Brookling Journal of International Law*, v. 23, p. 367-400, 1997-1998.

22. OLIVEIRA, Gesner. Defesa da Concorrência em países em desenvolvimento: aspectos da experiência do Brasil e do Mercosul. *42ª Reunião do Fórum Permanente da Concorrência*. p. 5-6. É também o autor que, mais adiante, aponta que o processo de privatização requer um sistema de defesa da concorrência equilibrado e eficiente (p. 30 e 33-34).

23. OLIVEIRA, Gesner. Op. cit., p. 19.

24. Em assunto relacionado, discutindo os perigos concorrenciais decorrentes das atividades de fixação de normas e padrões técnicos (atividade de normalização), cf. MONTEIRO, Carmem Diva Beltrão. Advocacia da concorrência em atividades de normalização no Brasil. *Respvblica*, v. 9, n. 2, jul.-dez. 2010. A autora discute que, apesar dos potenciais benefícios que decorrem das atividades de fixação de normas e padrões técnicos, esta seria propensa a comportamentos concorrenciais que não podem ser desconsiderados; nesse sentido, conclui que, apesar de os mecanismos repressivos poderem corrigir eventuais práticas ilícitas, as atividades de advocacia da concorrência também são importantes mecanismos no sentido de prevenir e interromper os efeitos anticoncorrenciais decorrentes das atividades de normalização (p. 9-11 e 18-19). Cita-se, nesse contexto, a participação da SEAE na revisão de normas técnicas referentes a vergalhões, cimento/concreto e cabos de aço (p. 15-17).

Tavares de Araujo Jr.[25], uma maior dificuldade para lidar com distorções de mercado criadas por outros órgãos governamentais do que propriamente punir condutas ilícitas no setor privado[26].

Quanto às razões de existência da advocacia da concorrência, é possível notar, por trás de sua institucionalização, preocupações de economia política. Ao encarecer o *lobby* que visa obter restrições concorrenciais, a atividade pública de advocacia da concorrência apresenta um potencial de anticaptura, fundamentado em pelo menos três razões.

Primeiro, porque, ao se atribuir orçamento e prerrogativas a uma entidade pública para essa função, articulam-se no advogado da concorrência interesses que, de outra forma, poderiam nunca chegar a ser voluntariamente organizados no setor privado devido a custos de informação e de organização proibitivos (um típico problema de lógica de ação coletiva na linha clássica de Mancur Olson). Depois, a produção de estudos e fundamentos técnicos pelo advogado da concorrência pode ser considerada não enviesada, o que melhor convence os agentes políticos da incompatibilidade da regulamentação pretendida com a ordem concorrencial, ou dar-lhes as justificativas substantivas para rejeitar o *lobby* da indústria. Por fim, ao informar os consumidores de como a regulamentação pretendida os afetaria, pode-se encorajar e induzir manifestações públicas que elevem o custo político de se aprovar uma regulamentação anticompetitiva[27].

---

25. ARAUJO JR., José Tavares de. Antitruste e advocacia da concorrência: perspectivas do Sistema Brasileiro de Defesa da Concorrência à luz da experiência australiana. In: MONTEIRO FILHA, Dulce; PRADO, Luiz Carlos Delorme; LASTRES, Helena M. M. (orgs.). *Estratégia de desenvolvimento, política industrial e inovação*: ensaios em memória de Fabio Erber. Rio de Janeiro: BNDES, 2014, p. 311.

26. No mesmo sentido, Antonio Henrique P. Silveira *et al* sustentam que "a nova lei de concorrência materializou (ou externou) uma atribuição que há muitos anos a SEAE/MF já vinha empreendendo: a advocacia da concorrência, em especial perante outros órgãos governamentais [...] Ao contrário do que se pode pensar a princípio, essa divulgação não deve se restringir à sociedade civil, ao setor privado" (op. cit., p. 84).

27. JORDÃO, Eduardo Ferreira. *Restrições regulatórias à concorrência*. Belo Horizonte: Fórum, 2009, p. 123-124; JORDÃO, Eduardo Ferreira. A advocacia da concorrência

Além disso, o escopo amplo da advocacia da concorrência, atividade que se soma às medidas coercitivas de defesa da concorrência, permite-lhe tratar diretamente de condutas que fogem à aplicação do direito concorrencial em sua vertente repressiva, tais como práticas imunizadas ou lícitas, bem como contemplar ainda o exercício de medidas via *soft law* ou de persuasão, além de permitir tratar das questões concorrenciais frequentemente antes da materialização (ainda que potencial) de efeitos no mercado[28].

---

como estratégia para redução do impacto anticompetitivo da regulação estatal. *Revista Eletrônica de Direito Administrativo Econômico*, n. 17, p. 6-8, fev.-mar.-abr. 2009. Também no sentido de a advocacia da concorrência tornar mais caras as atividades de *lobby* anticoncorrencial, assim reduzindo sua quantidade e, consequentemente, o consumo de recursos com atividades de *lobby* e os riscos de captura do regulador, cf. EVENET, Simon J. Competition advocacy: time for rethink? *Northwestern Journal of International Law and Business*, v. 26, p. 498, 2005-2006.

Em todas essas instâncias, pode-se dizer que há um ganho de transparência e *accountability* do regulador (cf. JORDÃO, Eduardo Ferreira. *Restrições regulatórias à concorrência*. Belo Horizonte: Fórum, 2009, p. 124; cf. KOHL, Michael. Constitutional limits to anticompetitive regulation: the principle of proportionality. In: AMATO, Giuliano & LAUDATI, Lauraine (eds.). *The anticompetitive impact of regulation*. Cheltenham: Edward Elgar, 2001, p. 424).

28. JORDÃO, Eduardo Ferreira. *Restrições regulatórias à concorrência*. Belo Horizonte: Fórum, 2009, p. 121-122; JORDÃO, Eduardo Ferreira. A advocacia da concorrência como estratégia para redução do impacto anticompetitivo da regulação estatal. *Revista Eletrônica de Direito Administrativo Econômico*, n. 17, p. 5-6, fev.-mar.-abr. 2009.

4 A EXPERIÊNCIA INTERNACIONAL

No Brasil, como visto, a advocacia da concorrência como competência da SEAE e nos moldes até hoje definidos constitui previsão recente no ordenamento jurídico. É verdade que a antiga lei concorrencial (Lei n. 8.884/1994) já atribuía ao CADE[29] e à SDE[30] funções que lhes permitiam, em alguma medida, a prática da advocacia, e que, desde 2003, a SEAE já dispunha de atribuições nessa alçada, mas foi apenas em 2011, com o advento da Lei n. 12.529/2011, que a sua competência ganhou contornos legais.

---

29. Lei n. 8.884/1994, art. 7º, IX, X, XVI, XVII, XVIII, e art. 89: "Art. 7º Compete ao Plenário do CADE: [...] IX – requisitar informações de quaisquer pessoas, órgãos, autoridades e entidades públicas ou privadas, respeitando e mantendo o sigilo legal quando for o caso, bem como determinar as diligências que se fizerem necessárias ao exercício das suas funções; X – requisitar dos órgãos do Poder Executivo Federal e solicitar das autoridades dos Estados, Municípios, Distrito Federal e Territórios as medidas necessárias ao cumprimento desta lei; XVI – firmar contratos e convênios com órgãos ou entidades nacionais e submeter, previamente, ao Ministro de Estado da Justiça os que devam ser celebrados com organismos estrangeiros ou internacionais; XVII – responder a consultas sobre matéria de sua competência; XVIII – instruir o público sobre as formas de infração da ordem econômica; [...]"; "Art. 89. Nos processos judiciais em que se discuta a aplicação desta lei, o CADE deverá ser intimado para, querendo, intervir no feito na qualidade de assistente".

30. Lei n. 8.884/1994, art. 14, XII a XV: "Art. 14. Compete à SDE: [...] XII – receber e instruir os processos a serem julgados pelo CADE, inclusive consultas, e fiscalizar o cumprimento das decisões do CADE; XIII – orientar os órgãos da administração pública quanto à adoção de medidas necessárias ao cumprimento desta lei; XIV – desenvolver estudos e pesquisas objetivando orientar a política de prevenção de infrações da ordem econômica; XV – instruir o público sobre as diversas formas de infração da ordem econômica, e os modos de sua prevenção e repressão; [...]".

O pouco tempo percorrido desde a edição da nova lei, porém, não foi suficiente para a consolidação de práticas seguras na área, o que, acrescido à falta de procedimentos predefinidos para regulamentar a atuação da SEAE na promoção da concorrência, deixou em aberto muitas questões a respeito da forma com a qual deveria proceder.

Nesse sentido, a experiência internacional pode contribuir para o aprimoramento do exercício da advocacia da concorrência no Brasil, onde as práticas antitruste costumam encontrar inspiração no Direito estrangeiro. Em outras jurisdições, esse tipo de atividade data das primeiras décadas do século XX, com renovada ênfase a partir dos anos 1970[31] – ou seja, há um volume grande de experiências que merecem ser analisadas.

Logo, observar como atuam a Federal Trade Commission (FTC) e o Department of Justice (DOJ), nos Estados Unidos, e o *Office of Fair Trading* (OFT), no Reino Unido, pode acrescentar importantes elementos a esta obra. Afinal, são órgãos com grande credibilidade e em que o viés promocional da defesa da concorrência já há muito tempo integra seu rol de atribuições e é, de fato, por eles exercido, permitindo-lhes acumular maior *expertise* no assunto[32].

Outra importante fonte de pesquisa advém de relatórios e recomendações de organismos internacionais como a *International Competition Network* (ICN) e a Organização para a Cooperação e Desenvolvimento Econômico (OCDE) – hoje, os principais *locus* de discussões em matéria de defesa da concorrência. Reconhe-

---

31. ICN ADVOCACY WORKING GROUP. Advocacy and Competition Policy Report. *Conference*, Naples, Italy, 2002, disponível em: <www.internationalcompetitionnetwork.org/uploads/library/doc358.pdf>. Acesso em: 07.08.2015.

32. Como ressalva: *"Although lessons can be learned from the experience of more developed countries in this field, their experience with regulatory reforms of the type needed in developing and transition economies is much shorter-lived than their experience with competition law enforcement"* (ICN ADVOCACY WORKING GROUP. Advocacy and Competition Policy Report. *Conference*, Naples, Italy, 2002, disponível em: <www.internationalcompetitionnetwork.org/uploads/library/doc358.pdf>. Acesso em: 07.08.2015).

cidamente precisos em suas avaliações e orientações, tais fóruns analisam de forma crítica e detalhada as melhores experiências mundo afora.

É claro que nem todas as considerações feitas por tais autoridades e organismos internacionais serão integralmente aplicáveis à realidade institucional brasileira. Por exemplo, muitas das diretrizes da OCDE incluem integrar a avaliação de implicações concorrenciais de uma política pública a uma avaliação mais abrangente de impacto regulatório, o que, hoje, no Brasil ainda[33] não é uma prática consolidada.

Fixadas estas premissas, este tópico passará pela apresentação dos pontos que apareceram de forma mais destacada no material produzido por autoridades antitruste e organismos internacionais mencionados e/ou que mais possam interessar à delimitação do papel da SEAE (no que toca especificamente à atividade de advocacia da concorrência) no Brasil, quais sejam: (i) objeto da advocacia da concorrência; (ii) as diretrizes para a prática de *advocacy*; (iii) a margem de liberdade de atuação da autoridade concorrencial; (iv) a obrigatoriedade da consulta ao órgão de advocacia; (v) o seu grau de autonomia; (vi) a vinculação dos pareceres; (vii) a análise de impacto regulatório; (viii) a coordenação de órgãos; (ix) advocacia da concorrência e *enforcement*; (x) a transparência; e (xi) a avaliação da efetividade das intervenções.

4.1 OBJETO DA ADVOCACIA DA CONCORRÊNCIA

Delimitações taxativas acerca da atuação de determinado órgão, dentro de uma esfera de competência já previamente estabelecida, frequentemente tendem a prejudicar sua efetividade. Isso porque, como se sabe, não é possível antever todas as situações

33. *Vide*, a propósito, o Projeto de Lei n. 1.539/2015, apresentado pelo deputado Eros Biondini (PTB-MG), que estabelece a obrigatoriedade de realização de Análise de Impacto Regulatório (AIR) pelas Agências Reguladoras no âmbito da Administração Federal, detalhando o seu procedimento em relação a todos os atos normativos, planos setoriais e edição, alteração e prorrogação de outorgas (*vide* item 4.7, Análise de Impacto Regulatório).

concretas nas quais a advocacia da concorrência seria útil para preservar o funcionamento dos mercados e proteger os consumidores. Assim, limitar expressamente sua atuação em determinadas ocasiões poderia fazer com que o seu potencial benéfico fosse subaproveitado.

A partir da observação das práticas internacionais, o que se verifica é que inexiste uma limitação expressa, formal ou material, para a atuação das autoridades responsáveis pela advocacia da concorrência. Apesar disso, ao menos do ponto de vista material, a tendência internacional é estabelecer as situações que devem ser vistas como prioritárias.

A ICN já se manifestou no sentido de que a advocacia da concorrência deve priorizar a avaliação de políticas públicas que limitem (i) a quantidade de agentes atuantes em um dado mercado; (ii) as ações que esses agentes podem adotar; (iii) os incentivos para que esses agentes se comportem de forma competitiva; e (iv) as escolhas e as informações disponíveis para os consumidores[34].

Tal priorização seria necessária, sobretudo, em razão da escassez de recursos, muitas vezes observada, que limita a atuação mais ampla da autoridade de advocacia da concorrência e a obriga a focar nos temas mais relevantes. A OCDE, por exemplo, recomenda que a prioridade deve ser dada às políticas que apresentem maior impacto[35].

Segundo a ICN, os critérios para estabelecer os temas prioritários incluem, além do seu impacto potencial ou efetivo – a ser mensurado com base não apenas na extensão e natureza das possíveis restrições à concorrência, mas também na importância do setor econômico ou da matéria em questão para a economia, consumidores e contribuintes –, (i) a probabilidade de a política

---

34. MOROCCAN COMPETITION COUNCIL. Recommended Practices on Competition Assessment. *The 13th Annual ICN Conference*. Marrakech: 2014. 11 p. Disponível em: <http://www.icnmarrakech2014.ma/page.aspx?id=46>. Acesso em: 07.08.2015.

35. ORGANIZATION FOR ECONOMIC CO-OPERATION AND DEVELOPMENT – OECD. *Guia de Avaliação de Concorrência*: Princípios. Vol. I. Disponível em: <www.oecd.org/daf/competition/46969642.pdf>. Acesso em: 07.08.2015.

pública ser adotada; (ii) a abertura dos formuladores de políticas às avaliações de concorrência; (iii) o grau de liberalização do mercado; (iv) a agregação de valor de uma avaliação de concorrência bem-sucedida a outro trabalho de advocacia da concorrência ou como um complemento ao *enforcement*; (v) experiências passadas de advocacia da concorrência, monitoramento ou *enforcement* que indiquem histórico de condutas anticompetitivas ou preocupações concorrenciais, padrão inexplicável de preços maiores que outras economias similares, alta concentração do mercado ou grandes barreiras à entrada no setor; e (vi) o sucesso de reformas pró-concorrenciais ou a avaliação de concorrência em outras jurisdições no setor.

Nos Estados Unidos, por exemplo, o DOJ foca seus esforços primordialmente nas regulamentações estaduais e federais e nas estruturas regulatórias em que os princípios de defesa da concorrência têm capacidade de produzir melhores resultados para os consumidores, consistentes com metas regulatórias importantes[36].

Da mesma forma, a FTC também direciona seus esforços de advocacia da concorrência primordialmente às proposições de leis ou regulações que limitariam escolhas e prejudicariam consumidores, ao restringir certas práticas negociais ou proibir certos modelos de negócios em geral, ou mesmo criar isenções antitruste[37].

Embora não haja uma delimitação propriamente dita na atividade de advocacia da concorrência, os órgãos responsáveis devem priorizar a análise de leis, regulamentos e políticas públicas que tenham um impacto potencialmente maior sobre a concor-

---

36. US DEPARTMENT OF JUSTICE. *Antitrust Division Manual*. Fifth Edition, Chapter V – Competition Advocacy. Washington, DC, Estados Unidos: US Department of Justice – Antitrust Division, 2015. 369 p. Disponível em: <http://www.justice.gov/atr/public/divisionmanual/>. Acesso em: 07.08.2015.

37. OHLHAUSEN, Maureen K. *An Ounce of Antitrust Prevention Is Worth a Pound of Consumer Welfare*: The Importance of Competition Advocacy and Premerger Notification. 5 de novembro de 2013. Santiago: Eleventh Annual Competition Day. Discurso concedido à Fiscalia Nacional Economica. Disponível em: <https://www.ftc.gov/public-statements/2013/11/ounce-antitrust-prevention-worth-pound-consumer-welfare-importance-0>. Acesso em: 07.08.2015.

rência, e nos quais a efetividade de sua atuação seja, também, potencialmente maior.

Já quando se trata da forma pela qual a advocacia da concorrência é realizada, o que se verifica é que, de forma geral, não há limitações ou priorizações, não havendo falar numa forma de atuação mais adequada das autoridades responsáveis pela advocacia da concorrência. O tópico seguinte desta obra, acerca das diretrizes para a prática da *competition advocacy*, abordará de forma detalhada esse assunto.

4.2 DIRETRIZES PARA O EXERCÍCIO DA ADVOCACIA DA CONCORRÊNCIA

Questão central de *benchmark* da advocacia da concorrência diz respeito a como esta se opera na prática. Em outras palavras, cumpre ponderar sobre como pode ou deve agir a autoridade responsável. Fala-se aqui de ferramentas e métodos a serem aplicados pelas autoridades competentes para a criação de um ambiente competitivo, sem que, como visto acima, se confundam com os mecanismos de *enforcement* das autoridades aplicadoras da legislação concorrencial.

É importante perceber que tais ferramentas e métodos implicam a realização de atividades práticas por parte de autoridades concorrenciais no âmbito de um *soft power*, diferentemente do que ocorre na aplicação da legislação (*hard law*) antitruste. Irina Knyazeva, fazendo referência ao pensamento de J. Nigh Jr., Professor de Administração Pública em Harvard, entende o *soft power* como uma forma de poder político ou uma habilidade de atingir os resultados desejados com base em participação voluntária, simpatia e apelo, em contraste com o *hard power*, que implica a coerção[38].

Estando claro tal escopo de atuação, é possível identificar duas frentes da prática da advocacia da concorrência que acabam por se diferenciar quanto às suas ferramentas.

---

38. KNYAZEVA, Irina. Competition Advocacy: Soft Power in Competitive Policy. *Procedia Economics and Finance 6*, p. 282, 2013.

De um lado está o trabalho junto ao governo, tendo como objetivo o convencimento das autoridades no sentido de que estas não implementem medidas em proteção aos interesses de certos grupos em detrimento da livre concorrência e, portanto, do interesse público. Isso porque, como exposto, o poder público, por meio de intervenções, em geral de natureza normativa (leis, regulamentos etc.), também pode causar efeitos adversos à concorrência e ao crescimento de um dado setor. Nesse sentido, é importante que qualquer intervenção seja cuidadosamente analisada, cabendo às agências antitruste auxiliar os responsáveis pelas políticas públicas a considerarem todos os custos e benefícios de se intervir num dado mercado[39].

De outro lado figuram os agentes econômicos e a sociedade como um todo. As possíveis restrições privadas à concorrência são amplamente conhecidas e devem ser objeto da atuação das autoridades de advocacia da concorrência tanto quanto as possíveis restrições originárias das autoridades governamentais e das leis[40], de modo que o público em geral esteja ciente dos benefícios da livre concorrência, do papel da política antitruste e das próprias normas que visam ao bem-estar geral na sociedade.

A esse respeito, Irina Knyazeva[41] segmenta, de maneira sintética e exemplificativa, atividades específicas para cada uma delas. De um lado, ela identifica atividades relativas às "autoridades", enquanto, de outro, aborda atividades relativas aos "agentes do mercado" e "sociedade e consumidores" (esses últimos inserindo-se na frente privada). Segundo a pesquisadora, há, para cada grupo, instrumentos de pressão específicos que podem ser postos em prática:

- *autoridades* (governo, autoridades públicas, locais e setoriais) – atuação prévia à implementação de normas e medidas regulatórias de cunho potencialmente anticompetiti-

39. OFT. Competition and Growth – The Role of a Competition Agency. Disponível em: <http://www.lse.ac.uk/researchAndExpertise/units/growthCommission/documents/pdf/contributions/lseGC_oft_competition.pdf>. Acesso em: 07.08.2015.

40. OFT, op. cit.

41. KNYAZEVA, Irina, op. cit., p. 285-286.

vo; *lobbying*; audiências conjuntas; atividades conjuntas no campo da elaboração normativa (*law-making*); intercâmbio de informações sobre as atividades da autoridade antitruste;

- *agentes do mercado* (comunidade de negócios, entidades profissionais, ONGs, comunidade acadêmica, mídia) – prevenção e *disclosure* de violações; redução de barreiras administrativas; estabelecimento de políticas transparentes;
- *sociedade e consumidores* – criação de uma cultura competitiva; conscientização sobre os benefícios da concorrência.

Ademais, para ambas as frentes de atuação – governo, de um lado, e agentes econômicos e sociedade, de outro –, Irina Knyazeva identifica os métodos que entende como os mais importantes para a implementação das políticas de advocacia da concorrência. São eles[42]:

- envolvimento ativo das autoridades antitruste locais na atividade legislativa;
- gestão de eventos – fóruns, conferências, seminários, encontros com as autoridades concorrenciais, apresentações na mídia;
- publicações em revistas especializadas em defesa da concorrência;
- realização de cursos de treinamentos, nos programas de graduação e pós-graduação ou em outros programas de educação.

A seu turno, o *Advocacy Toolkit* da ICN[43] aborda as atividades práticas da advocacia da concorrência como num processo, vale dizer, numa perspectiva de etapas, quais sejam:

---

42. KNYAZEVA, Irina, op. cit., p. 285-286. Tradução livre do inglês para o português.

43. ICN ADVOCACY WORKING GROUP. Advocacy Toolkit. Part I: Advocacy process and tools. Haia: International Competition Network, Maio 2011. *10th Annual Conference of the ICN*. Disponível em: <http://www.internationalcompetitionnetwork.org/uploads/library/doc745.pdf>. Acesso em: 07.08.2015.

- *identificação das partes interessadas:* etapa na qual são identificadas as partes que serão objeto da atuação da advocacia da concorrência: entidades públicas, órgãos reguladores, empresários, consumidores, acadêmicos e imprensa são exemplos específicos de possíveis interessados;
- *engajamento com as partes interessadas:* etapa de conscientização, com espaço para discussão e produção de conhecimento e estratégias para a promoção e a defesa da concorrência. Tal engajamento pode se dar, por exemplo, por meio de consultas públicas, reuniões, grupos de trabalho, apresentações, grupos de discussão, seminários etc.;
- *implementação:* etapa de concretização da estratégia de advocacia da concorrência propriamente dita, preferencialmente por meio do cumprimento de um plano detalhado e de um cronograma. Exemplos de atividades de implementação são a capacitação das autoridades públicas em relação a determinada matéria concorrencial e a realização de recomendações ao governo (agências reguladoras, legislativo etc.);
- *monitoramento:* etapa a cargo das próprias autoridades concorrenciais ou por outras instituições, da qual poderão resultar relatórios de acompanhamento, avaliações pós-intervenção e gestão do *feedback* dos destinatários das políticas, entre outros;
- *avaliação da efetividade das intervenções:* etapa de avaliação dos resultados da advocacia da concorrência, especialmente se esta (i) afetou particularmente a formulação ou os resultados de políticas concorrenciais; (ii) ensejou outras medidas da autoridade concorrencial; e (iii) despertou as partes interessadas para os benefícios que uma política de defesa da concorrência pode trazer à sociedade. Essa avaliação pode se realizar, por exemplo, por meio de levantamentos feitos pelos beneficiários, pesquisas de opinião pública, contabilização das iniciativas tomadas, coberturas da imprensa ou exposição na internet etc.

Um valioso exemplo de atuação em política de advocacia da concorrência vem da Divisão Antitruste do DOJ, fruto da colaboração entre seus economistas e procuradores, em especial aqueles com experiência em diversos setores regulados. Sua atuação inclui (i) atividades junto ao Poder Executivo, tanto na Casa Branca quanto em forças-tarefa interministeriais, visando orientar de modo formal ou informal o Presidente e outros órgãos do governo sobre os impactos concorrenciais das políticas e leis propostas, bem como da própria atuação dos órgãos públicos; (ii) elaboração de pareceres sobre iniciativas legislativas e regulatórias; (iii) publicação de relatórios sobre a performance concorrencial de setores regulados; (iv) intervenção em procedimentos de agências reguladoras – nesse caso, coordenando sua atuação com a do *White House Policy Council*, de modo a evitar posições contraditórias; (v) apresentação de pleitos perante agências federais; e (vi) atuação em litígios envolvendo setores regulados[44].

A FTC, a seu turno, relata que exerce a advocacia da concorrência a partir de diversas ações, que incluem (i) depoimentos e entrega de documentos escritos a legisladores; (ii) atuação como *amicus curiae* perante Tribunais; (iii) consultas informais e apresentações a legisladores; (iv) audiências públicas e *workshops*.

Na União Europeia, a participação das autoridades responsáveis pela advocacia da concorrência se dá com grande frequência na elaboração de proposições legislativas, especialmente durante a avaliação de impacto regulatório. Essa forma de advocacia da concorrência é também conhecida como *competition screening*, cuja tradução literal seria algo como "blindagem concorrencial"[45].

---

44. US DEPARTMENT OF JUSTICE. *Antitrust Division Manual*. Fifth Edition, "Chapter V – Competition Advocacy". Disponível em: <http://www.justice.gov/atr/public/divisionmanual/atrdivman.pdf>. Acesso em: 07.08.2015.

45. EMBERGER, Geraldine. How to strengthen competition advocacy through competition screening. *Competition Policy Newsletter*, União Europeia: Primavera de 2006, n. 1. p. 28. Disponível em: <http://ec.europa.eu/competition/publications/cpn/cpn_2006_1.htm>. Acesso em: 07.08.2015.

Nessa atividade, as autoridades europeias proferem comentários, pareceres e sugestões a respeito de uma determinada proposição legislativa. A grande vantagem desse método é exatamente o constante diálogo entre os legisladores e as autoridades responsáveis pela advocacia da concorrência, permitindo que essas últimas realizem intervenções e influenciem as proposições legislativas na tentativa de evitar efeitos desnecessários ou restrições excessivas à concorrência.

É certo que são diversos as ferramentas e os métodos à disposição de uma autoridade antitruste em sua atividade de advocacia da concorrência. Se bem aplicados, eles tenderão a proporcionar uma verdadeira cultura de livre concorrência, com ampla conscientização e cooperação voluntária (*soft power*) com o sistema jurídico antitruste (*hard law*) e seu *enforcement*, de modo a haver cada vez menos restrições públicas ou privadas ao ambiente concorrencial.

Entretanto, deve ser feita a ressalva de que a distinção entre *soft power* e *hard law* tem um certo caráter didático. Entre as medidas aqui classificadas como *soft power*, há grande diferença entre o grau de assertividade de cada uma delas. Por exemplo, por um lado temos medidas como *elaboração de pareceres, publicação de relatórios, entrega de documentos escritos a legisladores, consultas informais e apresentações*, que podem ser entendidas como menos assertivas e limitadas à utilização de argumentos técnicos que, a depender da força dos interesses anticompetitivos conflitantes, dificilmente serão seriamente consideradas; por outro, temos a possibilidade da adoção de medidas mais assertivas que podem, inclusive, ser combinadas a mecanismos *hard law* para ganhar efetividade, como ocorre no caso da atuação em litígios envolvendo setores regulados e atuação como *amicus curiae* perante Tribunais. Outros exemplos acima citados que detêm significativo grau de assertividade são a atuação tanto na Casa Branca quanto em forças-tarefa interministeriais, intervenção em procedimentos de agências reguladoras e a apresentação de pleitos perante agências federais.

4.3 MARGEM DE LIBERDADE DE ATUAÇÃO DA AUTORIDADE DE ADVOCACIA DA CONCORRÊNCIA

Ao atribuir à SEAE a promoção da concorrência em órgãos de governo e perante a sociedade, a Lei n. 12.529/2011 exemplificou certas funções que lhe dão concretude, entre outras, a de opinar sobre minutas de atos normativos ou proposições legislativas[46], elaborar estudos setoriais[47] e manifestar-se, de ofício ou quando solicitada, a respeito do impacto concorrencial de medidas em discussão[48].

Em alguns casos, a lei permitiu à SEAE considerar a pertinência de colocá-las em exercício[49], enquanto em outros, nada disse a

---

46. Lei n. 12.529/2011, art. 19, I: "Art. 19. Compete à Secretaria de Acompanhamento Econômico promover a concorrência em órgãos de governo e perante a sociedade cabendo-lhe, especialmente, o seguinte: I – opinar, nos aspectos referentes à promoção da concorrência, sobre propostas de alterações de atos normativos de interesse geral dos agentes econômicos, de consumidores ou usuários dos serviços prestados submetidos a consulta pública pelas agências reguladoras e, quando entender pertinente, sobre os pedidos de revisão de tarifas e as minutas;".

47. Lei n. 12.529/2011, art. 19, IV: "Art. 19. Compete à Secretaria de Acompanhamento Econômico promover a concorrência em órgãos de governo e perante a sociedade cabendo-lhe, especialmente, o seguinte: [...] IV – elaborar estudos avaliando a situação concorrencial de setores específicos da atividade econômica nacional, de ofício ou quando solicitada pelo Cade, pela Câmara de Comércio Exterior ou pelo Departamento de Proteção e Defesa do Consumidor do Ministério da Justiça ou órgão que vier a sucedê-lo;".

48. Lei n. 12.529/2011, art. 19, VII: "Art. 19. Compete à Secretaria de Acompanhamento Econômico promover a concorrência em órgãos de governo e perante a sociedade cabendo-lhe, especialmente, o seguinte: [...] VII – manifestar-se, de ofício ou quando solicitada, a respeito do impacto concorrencial de medidas em discussão no âmbito de fóruns negociadores relativos às atividades de alteração tarifária, ao acesso a mercados e à defesa comercial, ressalvadas as competências dos órgãos envolvidos;".

49. Lei n. 12.529/2011, art. 19, I a III: "Art. 19. Compete à Secretaria de Acompanhamento Econômico promover a concorrência em órgãos de governo e perante a sociedade cabendo-lhe, especialmente, o seguinte: I – opinar, nos aspectos referentes à promoção da concorrência, sobre propostas de alterações de atos normativos de interesse geral dos agentes econômicos, de consumidores ou usuários dos serviços prestados submetidos a consulta pública pelas agências reguladoras e, quando entender pertinente, sobre os pedidos de revisão de tarifas e as minutas; II – opinar,

respeito dessa possibilidade. Assim, não resta claro se essa Secretaria deve necessariamente sempre agir ou se, em algumas situações, pode declinar a ação, tampouco se é obrigada a responder toda vez que provocada e, em caso positivo, como deve ser essa resposta.

As recomendações produzidas pela ICN para prática de avaliação de concorrência, na Conferência Anual de 2014, em Marrakech, mostram que esse tema é objeto de preocupação em outras jurisdições. Segundo a organização, as autoridades concorrenciais devem ter discricionariedade para decidir se opinarão ou não diante de determinada política, formulada ou em processo de elaboração, e se isso ocorrerá de modo formal ou informal. A justificativa é a de que, assim, poderá a autoridade balancear suas atividades dentro de seus recursos e prioridades.

Além disso, essa abertura a variadas formas de contribuições dá à autoridade a possibilidade de optar por aquela que for mais apropriada ao caso concreto, o que pode ajudar, também, na maior receptividade por parte do formulador da política pública. E a mesma maleabilidade deve acompanhar as diversas etapas da advocacia da concorrência (*vide* item 4.2 acima), isto é, a estratégia inicial que a autoridade concorrencial escolheu adotar não necessariamente precisará se manter imodificável ao longo do tempo, sendo possível a sua revisão e atualização[50].

4.4 OBRIGATORIEDADE DA CONSULTA AO ÓRGÃO DE ADVOCACIA

Apenas em poucos países a consulta à autoridade concorrencial por parte do Executivo ou Legislativo quando da formulação

---

quando considerar pertinente, sobre minutas de atos normativos elaborados por qualquer entidade pública ou privada submetidos à consulta pública, nos aspectos referentes à promoção da concorrência; III – opinar, quando considerar pertinente, sobre proposições legislativas em tramitação no Congresso Nacional, nos aspectos referentes à promoção da concorrência".

50. MOROCCAN COMPETITION COUNCIL. Recommended Practices on Competition Assessment. *The 13th Annual ICN Conference*. 2014: Marrakech. 11 p. Disponível em: <http://www.icnmarrakech2014.ma/page.aspx?id=46>. Acesso em: 07.08.2015.

ou revisão de leis e regulamentos é um dever imposto por lei. No entanto, nas situações em que isso ocorre, os resultados parecem ser encorajadores. Com tal mecanismo, o órgão responsável pela advocacia da concorrência se beneficia de um maior e tempestivo[51] acesso aos processos decisórios envolvendo regulação, além de ter a garantia de que suas considerações alcançarão o plano político e governamental.

Há, ainda, jurisdições em que a obrigatoriedade da consulta limita-se apenas a matérias específicas que afetem diretamente a concorrência, deixando os demais casos à discricionariedade dos interessados, em uma espécie de sistema misto[52]. A tendência, segundo estudo da ICN, é de que em países em desenvolvimento e economias de transição a opção pela consulta discricionária seja maior, onde também as recomendações feitas tendem a ser menos implantadas[53].

De qualquer forma, obrigatório ou não, é desejável o estabelecimento de um procedimento de garantia e formalização para a consulta[54].

4.5 AUTONOMIA

A independência do órgão competente para promoção da advocacia da concorrência é um elemento importante, embora

---

51. É consenso no âmbito internacional que a prática da advocacia da concorrência será tanto melhor quanto mais precoce a fase em que for realizada.

52. ICN ADVOCACY WORKING GROUP. Advocacy and Competition Policy Report. *Conference*, Naples, Italy, 2002. Disponível em: <www.internationalcompetitionnetwork.org/uploads/library/doc358.pdf>. Acesso em: 07.08.2015. O relatório é produto da análise da organização das respostas de todos os seus membros a um questionário com inúmeras perguntas envolvendo a prática da advocacia da concorrência em sua jurisdição.

53. ICN ADVOCACY WORKING GROUP, op. cit. Segundo o relatório, autoridades concorrenciais de países em desenvolvimento ou de economias de transição consideraram que, na média, suas opiniões e recomendações aos formuladores de políticas públicas são efetivamente observadas em 57% dos casos, enquanto esse quesito alcança 75% em países desenvolvidos.

54. ICN ADVOCACY WORKING GROUP, op. cit.

seja mais significativo para o *enforcement* do que para a advocacia propriamente dita, em que a decisão final é, como assinalado anteriormente, tomada por outras autoridades.

Na linha do esclarecimento sobre *soft power* e *hard law* feito ao final do item 4.2, quanto mais assertiva for a medida de *advocacy* a ser proposta, mais importante se torna a questão da autonomia do órgão propositor. A elaboração de pareceres técnicos que não demandem qualquer tipo de resposta por parte do órgão destinatário não requer autonomia do órgão propositor; por outro lado, medidas de *advocacy* que exerçam pressão efetiva sobre o órgão destinatário certamente requerem independência ou poder político. Tendo o último caráter mais transitório, é certo que a independência institucional facilita a adoção de medidas assertivas de *advocacy*, sejam elas ainda consideradas *soft power*, sejam elas combinadas a mecanismos de *hard law*, como é o caso da atuação em litígios envolvendo setores regulados e atuação como *amicus curiae* perante Tribunais.

Isso não quer dizer que, na ausência de uma autonomia formal (por exemplo, no caso de órgão que integra um Ministério), a autoridade concorrencial não possa ter espaço para eficazmente exercer sua atribuição de advocacia se as suas decisões forem respeitadas em um ambiente de transparência e difundida cultura da concorrência.

Aliás, é interessante observar que alguma forma de integração da autoridade de *advocacy* concorrencial na estrutura do governo pode, inclusive, ser útil: além de poder facilitar a obtenção do tempestivo acesso à informação relevante em processos de elaboração de políticas públicas, o arranjo pode lhe conferir melhor posição para influenciar o resultado dos projetos de reforma legislativa e regulatória[55-56].

O ideal é que o órgão possa atuar tanto de ofício como quando provocado e que possua, para tanto, uma independência

---

55. ICN ADVOCACY WORKING GROUP, op. cit.

56. No mesmo sentido, *vide* OCDE. Competition Advocacy: Challenges for Developing Countries. *OECD Journal: Competition Law and Policy*, 2004, v. 6, Issue 4, p. 69-80.

também em termos financeiros, o que pode ser garantido por diferentes modos (*e.g.*, orçamento específico, formas de autofinanciamento[57] etc.).

4.6 VINCULAÇÃO DOS PARECERES

Embora em um primeiro momento possa parecer que a prática mais efetiva deva ser a de vincular o formulador da política pública às opiniões emitidas a título de advocacia da concorrência, não parece razoável que poderes tão amplos sejam conferidos à autoridade antitruste, sobretudo considerando que esta não possui mandato democrático[58].

É verdade, porém, que obrigar o formulador da política a demonstrar, quando não tiver adotado a opinião emitida, as razões pelas quais decidiu não endossar as recomendações feitas é medida que fortalece a atuação da autoridade concorrencial, sem incorrer em maiores problemas de legitimidade. Ou seja, o agente

57. Principalmente por meio da cobrança de certa porcentagem das multas impostas pelo órgão de defesa da concorrência. Em sentido contrário, o comentário ao art. 28, § 3º, da Lei n. 12.529/2011: "o § 3º dispõe sobre o produto da arrecadação das multas (quaisquer dos seus tipos) impostas pelo Conselho [CADE], que não constituem receitas do CADE, possuindo destinação diversa. Não são tão raras as críticas vindas de fora da comunidade antitruste no sentido de que as multas impostas pelo CADE teriam finalidade arrecadatória. Todavia, não é isto que ocorre. Finalidade arrecadatória tem [...] as taxas processuais e de serviços. O produto da arrecadação das multas é destinado ao Fundo de Defesa de Direitos Difusos (FDD), criado pela Lei 7.347/1985, que 'tem por finalidade a reparação dos danos causados ao meio ambiente, ao consumidor, a bens e direitos de valor artístico, estético, histórico, turístico, paisagístico, por infração à ordem econômica e a outros interesses difusos e coletivos' (artigo 1º, § 1º, da Lei 9.008/1995)" (GUIMARÃES, Denis Alves; ANDREOLI, Daniel O. Comentários ao Título IV – Do Patrimônio, Das Receitas, e Da Gestão Administrativa, Orçamentária e Financeira. In: ANDERS, Eduardo Caminati; PAGOTTO, Leopoldo; BAGNOLI, Vicente. *Comentários à Nova Lei de Defesa da Concorrência.* Rio de Janeiro: Forense; São Paulo: Método, 2012, p. 107-108).

58. ICN ADVOCACY WORKING GROUP. Advocacy and Competition Policy Report. *Conference*, Naples, Italy, 2002. Disponível em: <www.internationalcompetitionnetwork.org/uploads/library/doc358.pdf>. Acesso em: 07.08.2015.

público competente para a formulação da política pública se vê obrigado a rechaçar os pontos destacados pelo órgão de advocacia da concorrência, justamente para preservar a própria legitimidade da opção adotada em um caso concreto.

4.7 ANÁLISE DE IMPACTO REGULATÓRIO

Como observado anteriormente, a recomendação da ICN é a de que a atuação da autoridade concorrencial na promoção da advocacia da concorrência deve ser discricionária, podendo aquela escolher se, quando e como agir. No entanto, tanto a ICN quanto a OCDE veem na Análise de Impacto Regulatório (AIR) a melhor forma de levar a cabo a avaliação de uma proposta legislativa[59-60].

Tal análise é composta pela (i) identificação clara dos objetivos da política, (ii) apresentação de medidas alternativas aptas a atingir os mesmos objetivos, (iii) apreciação dos efeitos sobre a concorrência de cada alternativa e (iv) comparação entre as alternativas.

Sempre que for identificado possível comprometimento à concorrência no setor atingido pela política, ou em setores correlacionados, deve-se dar prevalência à aplicação da alternativa que preserve o objetivo político, mas prejudique em menor medida o ambiente concorrencial. Caso isso não seja possível, deverão ser ponderados os custos e benefícios da proposta regulamentar, justificando-se esta apenas se os benefícios de sua adoção superarem os custos, incluindo os prejuízos de um impacto anticoncorrencial[61].

---

59. OECD. *Guia de Avaliação de Concorrência*: Princípios. Vol. I. Disponível em: <www.oecd.org/daf/competition/46969642.pdf>. Acesso em: 07.08.2015.

60. MOROCCAN COMPETITION COUNCIL. Recommended Practices on Competition Assessment. *The 13th Annual ICN Conference*. Marrakech, 2014, 11 p. Disponível em: <http://www.icnmarrakech2014.ma/page.aspx?id=46>. Acesso em: 07.08.2015.

61. Na Rússia, a autoridade concorrencial (FARRussia), depois de analisar a situação de uma empresa dominante de serviço intermediário agrícola que comprava produtos de fazendeiros por preços baixos e os revendia a comércios ou indústrias por preço monopolístico (o que os deixava sem margem suficiente para reinvestir ou financiar seu trabalho), orientou os fazendeiros para que encontrassem um meio alternativo

Em diversos países, tal procedimento é, inclusive, obrigatório. Nos Estados Unidos, por exemplo, as diretrizes em matéria da AIR exigem expressamente a consideração dos impactos sobre o mercado[62], enquanto, no Reino Unido, a avaliação do impacto sobre a concorrência constitui requisito necessário à AIR desde 2002.

No Brasil, como já foi mencionado, esse tipo de análise não é nem sequer uma prática consolidada. Apesar disso, o Projeto de Lei n. 1.539/2015, que prevê a obrigatoriedade de realização de AIR pelas agências reguladoras no âmbito da Administração federal, considerou essa inclusão da concorrência em seu procedimento, conferindo à SEAE poder de escrutínio e validação sobre todos os estudos, além de acompanhamento das medidas.

Pode-se afirmar, assim, que a recomendação internacional para a prática da advocacia da concorrência pressupõe a realização de um procedimento mais abrangente de avaliação das decisões administrativas que contemple, como um de seus aspectos, a concorrência.

4.8 COORDENAÇÃO ENTRE ÓRGÃOS

A Lei n. 12.529/2011 prevê que poderá a SEAE, a fim de dar cumprimento a suas atribuições, celebrar acordos e convênios com órgãos ou entidades públicas ou privadas, de qualquer ente federado, para avaliar e/ou sugerir medidas relacionadas à promoção da concorrência[63]. A previsão é interessante, uma vez que permite a coordenação entre diferentes órgãos para a consecução

---

de atingir novos clientes. Sugeriu, para tanto, o estabelecimento de uma base eletrônica por meio da internet para comércio de *commodities*, o que os isentaria também de eventuais taxas cobradas pelos intermediários. Tal plataforma poderia ser criada a partir de pequenos ajustes do site de compras governamentais russo.

62. OFFICE OF MANAGEMENT AND BUDGET. *Circular A-4*, 17 de setembro de 2003.

63. Lei n. 12.529/2011, art. 19, § 1º, II: "Art. 19. § 1º. Para o cumprimento de suas atribuições, a Secretaria de Acompanhamento Econômico poderá: [...] II – celebrar acordos e convênios com órgãos ou entidades públicas ou privadas, federais, estaduais, municipais, do Distrito Federal e dos Territórios para avaliar e/ou sugerir medidas relacionadas à promoção da concorrência".

dos objetivos da advocacia da concorrência, o que inclui arranjos entre a autoridade concorrencial e os órgãos reguladores dos diversos setores.

Em âmbito internacional, medidas como essas são vistas com bons olhos, dado que a comunicação institucional (i) possibilita minimizar a duplicação de atribuições (e, portanto, o dispêndio desnecessário de recursos) e a insegurança[64], (ii) facilita a identificação das oportunidades para avaliação da concorrência e (iii) permite a melhor compreensão dos setores os quais a regulação poderá afetar e dos desdobramentos concorrenciais de cada um deles, dentro de suas especificidades.

Isso porque os diferentes setores apresentam, de uma forma geral, grande complexidade e, muitas vezes, problemas concorrenciais peculiares, cuja identificação e análise pressupõem específica *expertise*. A ICN constata que uma ferramenta útil, nesse sentido, é o intercâmbio de funcionários entre os órgãos reguladores e a autoridade concorrencial, o que possibilita aumentar o conhecimento específico do setor e desenvolver uma mútua compreensão das preocupações de cada órgão.

Diversos países possuem experiências nesse sentido. No Reino Unido, por exemplo, o OFT, autoridade concorrencial do país, é responsável tanto pela elaboração de diretrizes para a preparação de avaliações de concorrência como pela análise dos impactos concorrenciais de políticas novas, e assume tais responsabilidades junto com a autoridade de controle da qualidade regulamentar, o *Better Regulation Executive* (BRE). Inclusive, uma parte dos funcionários do OFT divide o seu tempo de trabalho entre os dois departamentos.

Nos Estados Unidos, por sua vez, o *Office of Information and Regulatory Affairs* (OIRA), que integra o *Office of Management and Budget* (OMB), coordena com a Divisão Antitruste do DOJ

---

64. MOROCCAN COMPETITION COUNCIL. Recommended Practices on Competition Assessment. *The 13th Annual ICN Conference*. Marrakech, 2014, 11 p. Disponível em: <http://www.icnmarrakech2014.ma/page.aspx?id=46>. Acesso em: 07.08.2015.

e a FTC a revisão de propostas de normas que podem afetar a concorrência[65-66].

Por fim, além dessa coordenação formalizada entre os órgãos, por meio de lei, acordos ou convênios, outras maneiras mais ocasionais ou informais também podem existir (ou coexistir). É o caso do estabelecimento de fóruns permanentes ou seminários e conferências sobre assuntos específicos, bem como da possibilidade de interessados submeterem manifestações formais para indicar oportunidades de avaliação da concorrência.

4.9 ADVOCACIA DA CONCORRÊNCIA E *ENFORCEMENT*

Segundo a ICN[67], advocacia da concorrência e *enforcement* não podem ser consideradas atividades totalmente independentes, mas complementares. Por um lado, a advocacia da concorrência será tanto mais eficiente quanto maior credibilidade tiver a atuação de *enforcement* da autoridade concorrencial. Por outro lado, a conscientização da sociedade civil acerca dos benefícios da concorrência promovida pelas atividades de advocacia antitruste incentiva a submissão de representações para questionar condutas anticompetitivas e torna as autoridades concorrenciais mais permeáveis e capazes de detectar práticas irregulares, bem como mais receptivas aos problemas de viés concorrencial.

Além disso, os casos de *enforcement* podem trazer evidências sobre falhas regulatórias e indicar quais os setores em que é mais importante a promoção da concorrência, podendo funcionar, assim, tanto como um meio de identificação quanto como um

---

65. APEC-OECD, U.S. *Response to APEC-OECD Integrated Checklist on Regulatory Reform*. 2006.

66. APEC-OECD. *Co-operative initiative on regulatory reform*. 2008.

67. ICN ADVOCACY WORKING GROUP. Advocacy and Competition Policy Report. *Conference*, Naples, Italy, 2002. Disponível em: <www.internationalcompetitionnetwork.org/uploads/library/doc358.pdf>. Acesso em: 07.08.2015.

critério para a priorização da atuação da autoridade concorrencial na sua atribuição de advogado da concorrência.

Um caso interessante para exemplificar as vantagens dessa complementaridade ocorreu na Espanha, onde a autoridade concorrencial (CNC), ao tomar conhecimento dos problemas concorrenciais no setor de transporte intermunicipal de passageiros por meio da investigação de uma fusão (Caso C 106/07), encabeçou um profundo estudo sobre o setor, sobretudo quanto ao sistema de concessões existente para a prestação do serviço.

Em um primeiro relatório, produzido em 2007, a CNC constatou graves barreiras de entrada devido a contratos de concessão, entre os quais prazos excessivamente longos e a sua prorrogação automática. Outros dois relatórios foram produzidos em 2010, mas nenhuma ação foi tomada pelos governos locais. A CNC, então, enviou um requerimento determinando a sua atuação e, não havendo novamente resposta, acionou a Justiça – na Espanha, há autorização legal para que a autoridade concorrencial acione o Judiciário contra qualquer ato administrativo ou regulamento que represente obstáculo à manutenção da competição efetiva no mercado[68].

Tendo em vista os benefícios da aproximação entre advocacia da concorrência e *enforcement*, a separação completa desses meios de defesa da concorrência em órgãos governamentais distintos poderia desperdiçar as sinergias resultantes de sua interação, a menos que outras formas de comunicação entre eles sejam capazes de superar ou contornar o afastamento.

O OFT britânico, alinhado a tal entendimento, considerava haver maior equilíbrio em uma autoridade concorrencial que concentre poderes tanto de *enforcement* como de advocacia da concorrência. Isso porque o foco apenas no primeiro meio de atuação, nas chamadas "restrições privadas", é capaz de provocar

68. ICN ADVOCACY WORKING GROUP. Advocacy Toolkit. Part I: Advocacy process and tools. Haia: International Competition Network, Maio/2011. *10th Annual Conference of the ICN*. Disponível em: <http://www.internationalcompetitionnetwork.org/uploads/library/doc745.pdf>. Acesso em: 07.08.2015.

uma percepção da sociedade de que a autoridade de concorrência constitui uma típica agência *antibusiness*. A articulação da prática coercitiva (*enforcement*) com atividades de advocacia da concorrência sinaliza, por sua vez, que a intervenção será pela defesa do mercado, esteja ele sendo prejudicado por empresas adquirindo (ou abusando do) poder de mercado ou pelo próprio governo erigindo barreiras à entrada sem justificativas coerentes[69]. Nesse sentido, a partir de 1º de abril de 2014, no Reino Unido, o OFT e a Competition Commission (CC) fundem-se, resultando na criação da *Competition & Markets Authority* (CMA).

4.10 TRANSPARÊNCIA

A publicidade dada às intervenções de advocacia da concorrência está diretamente ligada à sua eficácia, sobretudo no que concerne à conscientização dos benefícios da concorrência. Mas, mesmo no caso de convencimento das autoridades públicas a adotar regulação mais benéfica do ponto de vista concorrencial, a publicação das opiniões exaradas pode aumentar o ônus de desconsiderá-las ou, então, servir de apoio às autoridades que buscam implantá-las para se afirmar em relação a pressões externas, além de, claro, aumentar a sua transparência (*accountability*).

A frequência e a extensão dessa transparência, contudo, variam nos diversos países, conforme é ressaltado pela ICN. Enquanto alguns órgãos publicam toda e qualquer intervenção feita, outros apenas oferecem uma visão geral, por exemplo, por meio de relatórios anuais. Há, além disso, países que apresentam certa resistência em publicar opiniões acerca de projetos em reforma que estejam nas mãos do governo sem, ainda, terem sido levados a debate.

Segundo a ICN, países desenvolvidos com uma sólida cultura da concorrência costumam priorizar a divulgação de suas atividades

---

69. OFT. Competition and growth: the role of a competition agency. Disponível em: <http://www.lse.ac.uk/researchAndExpertise/units/growthCommission/documents/pdf/contributions/lseGC_oft_competition.pdf>. Acesso em: 07.08.2015.

de advocacia da concorrência em meios de comunicação seletivos[70] e estudos[71], ao passo que nações em desenvolvimento com uma cultura ainda não tão consolidada tendem a optar, preferencialmente, pelas mídias de comunicação de massa.

A posição da FTC sobre o assunto, porém, apresenta um contraponto à transparência nas atividades de advocacia da concorrência. Para a agência, os esforços realizados nos bastidores podem ser mais efetivos do que aqueles realizados publicamente, particularmente em situações nas quais a atuação pública pudesse criar tensões políticas[72].

4.11 AVALIAÇÃO DA EFETIVIDADE DAS INTERVENÇÕES

De acordo com a FTC[73], uma escolha cuidadosa dos temas que devem ser alvo da advocacia da concorrência, com foco naqueles que impactem de forma significativa os consumidores, e uma autoanálise contínua de efetividade da política são elementos que aumentam bastante a probabilidade de sucesso da advocacia da concorrência. Como o primeiro ponto já foi abordado anteriormente, cumpre agora focar nos instrumentos disponíveis para mensurar a efetividade das atividades de *advocacy*.

Para que sejam eficazes, é crucial que as intervenções feitas pela advocacia da concorrência sejam cuidadosamente planejadas, de modo a não produzirem efeitos aquém do esperado ou com consequências negativas inesperadas.

---

70. Por exemplo, boletins de imprensa, rádio e televisão e páginas da Web.

71. Por exemplo, documentos de debate, grupos de estudo e relatórios de pesquisa.

72. OHLHAUSEN, Maureen K. *An Ounce of Antitrust Prevention Is Worth a Pound of Consumer Welfare*: The Importance of Competition Advocacy and Premerger Notification. 5 de novembro de 2013. Santiago: Eleventh Annual Competition Day. Discurso concedido à Fiscalia Nacional Economica. Disponível em: <https://www.ftc.gov/public-statements/2013/11/ounce-antitrust-prevention-worth-pound-consumer-welfare-importance-0>. Acesso em: 07.08.2015.

73. OHLHAUSEN, Maureen K., op. cit.

Conforme avaliação acerca da efetividade da advocacia da concorrência realizada pela Consultoria *London Economics* a pedido do OFT no Reino Unido[74], a autoridade de defesa da concorrência deve demonstrar, além de conhecimento técnico antitruste, compreensão profunda dos assuntos específicos do setor no qual a intervenção se dará[75].

Outra constatação relevante de referido estudo é que o *timing* para a intervenção é fundamental, na medida em que, sempre que possível, esta deve se dar ainda nos primeiros estágios do desenvolvimento da política pública, visando maximizar sua efetividade[76]. Por fim, a consultoria constatou que a intervenção de advocacia da concorrência deve ser objetiva e realizada de forma independente, trazendo informações e análises novas, bem como pesquisas empíricas aptas a demonstrar efeitos potencialmente negativos das políticas propostas.

Para que sejam eficientes, as intervenções feitas pelas autoridades responsáveis pela advocacia da concorrência devem levar em consideração a eficiência dinâmica do mercado e de seus *players* e os riscos de modelos de negócios insustentáveis, a exemplo daqueles que impedem ou dificultam a inovação e a entrada de novos agentes no mercado.

Para a FTC[77], uma advocacia da concorrência efetiva deve ser fundada não apenas nos princípios concorrenciais, mas também

---

74. O OFT encerrou suas atividades em 1º de abril de 2014, e atualmente a advocacia da concorrência no Reino Unido é realizada pela *Competition and Markets Authority* (CMA).

75. LONDON ECONOMICS. Evaluation of OFT competition advocacy. Disponível em: <http://londoneconomics.co.uk/blog/publication/evaluation-of-oft-competition-advocacy/>. Acesso em: 07.08.2015.

76. A pesquisa concluiu que para 51% dos entrevistados a recomendação foi mais útil quando apresentada nos estágios iniciais de uma política em desenvolvimento. A abordagem obteve impacto positivo em 67% dos casos em que foi realizada nesse momento, contra apenas 43% nos casos em ocorreu a partir de um estágio posterior.

77. OHLHAUSEN, Maureen K. *An Ounce of Antitrust Prevention Is Worth a Pound of Consumer Welfare*: The Importance of Competition Advocacy and Premerger

no conhecimento abrangente da teoria econômica e do mercado no qual ocorrerá a intervenção, e numa análise empírica. É exatamente por essa razão que os economistas da FTC desempenham um importante papel na advocacia da concorrência: eles fundamentam suas orientações na análise econômica e na pesquisa experimental[78].

Parece acertada também a colocação da ICN[79], quando destaca a utilidade de avaliar a efetividade das intervenções da advocacia da concorrência tanto para auxiliar a priorização das futuras atividades e promover avanços à forma como as atividades devem ser conduzidas quanto para demonstrar que os objetivos que haviam sido propostos foram atingidos, observado o custo-benefício, e destacar o valor das intervenções da advocacia da concorrência.

Ainda de acordo com a ICN, a avaliação deve ser feita com o intuito de verificar se a intervenção realizada (i) mudou a forma de elaboração das políticas públicas; (ii) gerou benefícios para outras atividades da autoridade de defesa da concorrência, a exemplo de auxiliar o *enforcement*; e (iii) demonstrou quais benefícios a defesa da concorrência pode trazer à sociedade.

A efetividade das intervenções pode ser avaliada a partir de várias metodologias distintas, a exemplo de (i) pesquisas com as partes beneficiadas por tais intervenções (funcionários públicos, executivos e consumidores); (ii) pesquisa de opinião pública; (iii) pareceres de consultores independentes; (iv) análise do número de intervenções realizadas; e (v) avaliação da repercussão na mídia.

Assim, a avaliação da efetividade da advocacia da concorrência deve se dar *ex ante*, estimando o impacto da advocacia

---

Notification. 5 de novembro de 2013. Santiago: Eleventh Annual Competition Day. Discurso concedido à Fiscalia Nacional Economica. Disponível em: <https://www.ftc.gov/public-statements/2013/11/ounce-antitrust-prevention-worth-pound-consumer-welfare-importance-0>. Acesso em: 07.08.2015.

78. OHLHAUSEN, Maureen K., op. cit.

79. ICN ADVOCACY WORKING GROUP. Advocacy Toolkit. Part I: Advocacy process and tools. Haia: International Competition Network, Maio/2011. *10th Annual Conference of the ICN*. p. 5-6. Disponível em: <http://www.internationalcompetitionnetwork.org/working-groups/current/advocacy.aspx>. Acesso em: 07.08.2015.

antes que seus efeitos sejam conhecidos, e *ex post*, mesurando o impacto provocado após o seu conhecimento.

Por meio de uma análise *ex ante*, pretende-se, portanto, antever a aplicabilidade e os potenciais impactos e eficácia da medida a ser implementada. Pode ser feita, por exemplo, com a utilização de consultas prévias à elaboração das diretrizes pela agência de advocacia da concorrência.

A avaliação *ex post*, por sua vez, analisa os efeitos da intervenção no ambiente concorrencial. Caso a medida ou política implementada tenha sido bem-sucedida, servirá de parâmetro para casos futuros. Caso não tenha produzido o impacto almejado, cumpre identificar os possíveis erros que levaram ao insucesso para que não sejam repetidos em futuras oportunidades.

Como exemplos, a ICN menciona uma série de casos envolvendo fraudes à licitação. Na África do Sul, as medidas de advocacia da concorrência incluíram, por exemplo, o treinamento de funcionários públicos acerca do tema, e a efetividade das medidas é mensurada a partir do *feedback* do Tesouro Nacional e da Corregedoria-Geral da União, tendo sido montado também um Grupo de Trabalho sobre fraude à licitação, justamente com o objetivo de verificar se as medidas adotadas levaram à redução dos casos de fraude.

No Japão, os instrumentos utilizados pelas autoridades de advocacia da concorrência incluíram reuniões com as autoridades responsáveis pela organização das licitações e treinamento dos funcionários públicos envolvidos em processos dessa natureza. A avaliação da efetividade de tais atividades foi medida a partir da análise da quantidade de casos levados ao conhecimento da autoridade de defesa da concorrência por funcionários que participaram do *workshop* e do número de *downloads* da cartilha disponibilizada.

A FTC, por sua vez, utiliza mecanismos que lhe permitem avaliar de forma contínua a efetividade da advocacia da concorrência por ela promovida. Um desses instrumentos é a realização de pesquisas com (i) os responsáveis pela elaboração de políticas públicas que tenham solicitado a manifestação da FTC (geralmente legisladores); (ii) o responsável pela apresentação de um projeto de lei que tenha sido avaliado pela FTC; e (iii) os funcionários públicos de agência reguladora perante a qual a FTC tenha atuado. O questionário sobre a efetividade inclui perguntas que visam analisar se as informações prestadas pela FTC não foram trazidas por outras fontes e o peso conferido à atividade da advocacia da concorrência.

Verifica-se, portanto, que há uma série de instrumentos à disposição das autoridades de advocacia da concorrência para mensurar a efetividade das medidas por elas adotadas, e que têm funcionado satisfatoriamente em diversas jurisdições.

Acima foi vista a ressalva feita pela FTC no sentido de que uma advocacia da concorrência efetiva deve ser fundada não apenas nos princípios concorrenciais, mas também na teoria econômica. Antonio Henrique P. Silveira *et al* lembram que em algumas ocasiões é preciso compreender o mandato de promoção da concorrência de forma completa: "[n]ão se promove a concorrência como um fim em si, porque ela não o é". Explica que a competição entre firmas:

> [É] apenas um arranjo que, em tese, deve levar a uma alocação eficiente dos recursos econômicos e, portanto, ao aumento do bem-estar econômico. Situação clássica em cursos de economia da concorrência é aquela em que a estrutura mais eficiente de mercado implica a limitação de firmas e, portanto, advogar pela concorrência poderia ser não somente ineficaz, mas contrário à promoção do bem-estar econômico [...] [N]esses casos, se não se pode fomentar a concorrência no mercado, devemos incentivar a concorrência pelo mercado, de forma que o agente econômico, mesmo atuando em um monopólio, comporte-se competitivamente. Essa não é uma situação meramente teórica. Pelo contrário, a SEAE/MF depara-se com bastante frequência com tais circunstâncias, quando não se trata se sugerir a derrubada de barreiras à entrada[80].

Ressalte-se que é nesse mesmo sentido – defesa da concorrência identificada como promoção da eficiência (e não com

80. Op. cit., p. 87.

número de *players* atuantes nos mercados) – que devem ser entendidas as referências feitas nesta obra à necessidade de uma *advocacy* efetiva.

4.12 CONCLUSÃO PARCIAL

Por meio deste tópico, buscou-se expor as principais discussões do âmbito internacional trazidas por organismos e entidades de credibilidade e com experiência no tema e, assim, identificar possíveis orientações para o desenho da competência de advocacia da concorrência da SEAE, à vista, sobretudo, da falta de uma prática consolidada ou de um procedimento formal previsto para a sua atuação.

Como captado pela ICN, o conjunto das ferramentas institucionais para o exercício dessa atribuição nos diversos países é extremamente variável, não sendo possível estabelecer qual seria a estrutura mais eficaz para a promoção da advocacia. Essa é, possivelmente, a razão pela qual os documentos internacionais trazem, na maior parte das vezes, recomendações um tanto genéricas ao invés de diretrizes procedimentais mais precisas.

Ainda assim, algumas considerações de relevo puderam ser destacadas:

a) O conceito de advocacia da concorrência engloba todas as atividades conduzidas pela autoridade concorrencial relacionadas à promoção da concorrência através de mecanismos de *non-enforcement*, especialmente por meio de relações com outros órgãos governamentais e da conscientização da sociedade para os benefícios da concorrência.

b) Embora não exista propriamente uma delimitação do objeto sobre o qual deve versar a atividade, recomenda-se que os órgãos responsáveis priorizem a análise de leis, regulamentos e políticas públicas que tenham um impacto potencialmente mais significativo sobre a concorrência, e nos quais a efetividade de sua atuação seja, também, potencialmente maior.

c) Quanto à prática de advocacia da concorrência, a ICN recomenda sejam observadas as seguintes fases: (i) identificação das Partes Interessadas; (ii) engajamento com as Partes Interessadas; (iii) implementação; (iv) monitoramento; e (v) avaliação da efetividade das intervenções.

d) São diversas as ferramentas e os métodos à disposição da autoridade antitruste em sua atividade de advocacia da concorrência, *e.g.* (i) envolvimento ativo das autoridades antitruste locais na atividade legislativa; (ii) gestão de eventos – fóruns, conferências, seminários, encontros com as autoridades concorrenciais, apresentações na mídia; (iii) publicações em revistas especializadas em defesa da concorrência; (iv) realização de cursos de treinamentos.

e) As autoridades concorrenciais devem ter discricionariedade para decidir se e como atuarão diante de determinada política, formulada ou em processo de elaboração, para que, assim, possam balancear suas atividades dentro de seus recursos e prioridades.

f) A obrigatoriedade da consulta à autoridade concorrencial por parte do Executivo ou Legislativo quando da formulação ou revisão de leis e regulamentos – senão todos, ao menos dos que afetem diretamente a concorrência – é benéfica, pois permite o acesso aos processos decisórios envolvendo regulação nos seus estágios iniciais e garante às intervenções maior alcance político. Obrigatória ou não, é desejável o estabelecimento de um procedimento de garantia e formalização para a consulta.

g) A integração da autoridade concorrencial na estrutura do governo pode ser útil na medida em que pode facilitar a obtenção do tempestivo acesso a informações relevantes de processos de elaboração de políticas públicas e conferir àquela melhor posição de influência.

h) Não é razoável que as opiniões emitidas a título de advocacia da concorrência vinculem o formulador de políticas públicas, uma vez que isso significa concentrar poderes demasiados amplos na autoridade concorrencial, que não possui mandato democrático. Não obstante, nos casos em que não forem acolhidas, recomenda-se que se demonstrem as razões para tanto.

i) A ponderação de impactos concorrenciais integrada a uma análise de impacto regulatório é sugerida, internacionalmente, como a melhor forma de levar a cabo a avaliação de uma proposta legislativa. Embora em muitos países isso seja prática obrigatória, no Brasil ela é ainda incipiente.

j) A coordenação entre diferentes órgãos, especialmente entre a autoridade concorrencial e os órgãos reguladores dos diversos setores, tende a minimizar a duplicação de atribuições e a insegurança, bem como facilitar a identificação das oportunidades para avaliação da concorrência e a compreensão das especificidades de cada setor. Outros modos informais ou ocasionais de cooperação também podem coexistir, tais como fóruns permanentes, seminários, conferências e consultas.

k) Advocacia da concorrência e *enforcement* não devem ser vistos como atividades totalmente separadas, mas complementares. Nesse sentido, as sinergias decorrentes dessa interação podem ser desperdiçadas com a sua separação em órgãos governamentais distintos, a menos que outras formas de influência mútua superem ou contornem tal distanciamento.

l) A publicidade dada às intervenções de advocacia da concorrência é importante tanto para promover a conscientização da sociedade acerca dos benefícios da concorrência quanto para acrescentar às opiniões emitidas um elemento de pressão e transparência (*accountability*). A frequência e a extensão dessa transparência, contudo, podem variar, tendo em vista que há casos em que a publicidade pode dar ensejo a tensões políticas aptas a dificultar um entendimento entre os órgãos envolvidos.

m) Há uma série de instrumentos à disposição das autoridades de advocacia da concorrência para mensurar a efetividade das medidas por elas adotadas, tanto *ex ante* quanto *ex post*, e que têm funcionado satisfatoriamente em diversas jurisdições. A avaliação é importante para auxiliar a priorização das futuras atividades, promover avanços à forma como devem ser conduzidas, bem como demonstrar que os objetivos propostos foram atingidos, observado o custo-benefício, e dar destaque ao valor das intervenções da advocacia da concorrência.

5 O EXERCÍCIO DA ADVOCACIA DA CONCORRÊNCIA PELA SEAE

Como já mencionado, a Lei n. 12.529/2011 atribuiu expressamente à SEAE uma série de competências destinadas a conduzir as atividades de advocacia da concorrência no Brasil. Daí a importância de compreender como se encontra estruturada, quais são suas atribuições e os instrumentos de que dispõe para cumpri-las, bem como de avaliar, por meio do material disponibilizado pela Secretaria, a sua atuação como advogada da concorrência, atuação essa que já vinha desde a vigência da Lei n. 8.884/1994.

Assim, este tópico se divide em três seções, além desta breve introdução. A primeira se destina a apresentar a estrutura organizacional da SEAE (tal como na data de fechamento desta obra, e segundo os documentos e as informações oficiais publicamente disponíveis), as funções que lhe foram atribuídas e as ferramentas a seu dispor.

A segunda, por sua vez, procura descrever, propriamente, o exercício da advocacia da concorrência pela SEAE, com base nas informações dispostas em seu sítio eletrônico e analisando em maior detalhe sua atuação por meio das seguintes frentes identificadas: (i) manifestações técnicas: (ii) acordos e convênios; (iii) eventos; e (iv) publicações, além de considerações sobre (v) mecanismos de avaliação e monitoramento e (vi) projetos em andamento.

Por fim, serão apresentadas algumas conclusões a respeito da experiência coletada da SEAE e um balanço do seu desempenho na advocacia da concorrência, identificando os principais desafios e as possíveis soluções.

5.1 ESTRUTURA ORGANIZACIONAL, ATRIBUIÇÕES E FERRAMENTAS

A SEAE, ao lado do CADE, compõe o SBDC, qualificando-se como o órgão competente para o exercício da advocacia da concorrência. As incumbências prioritárias da SEAE são arroladas pelo art. 19 da Lei n. 12.529/2011[81]:

> Art. 19. Compete à Secretaria de Acompanhamento Econômico promover a concorrência em órgãos de governo e perante a sociedade cabendo-lhe, **especialmente**, o seguinte:
>
> I – opinar, nos aspectos referentes à promoção da concorrência, sobre propostas de alterações de atos normativos de interesse geral dos agentes econômicos, de consumidores ou usuários dos serviços prestados submetidos à consulta pública pelas agências reguladoras e, **quando entender pertinente**, sobre os pedidos de revisão de tarifas e as minutas;
>
> II – opinar, **quando considerar pertinente**, sobre minutas de atos normativos elaborados por qualquer entidade pública ou privada submetidos à consulta pública, nos aspectos referentes à promoção da concorrência;
>
> III – opinar, **quando considerar pertinente**, sobre proposições legislativas em tramitação no Congresso Nacional, nos aspectos referentes à promoção da concorrência;
>
> IV – elaborar estudos avaliando a situação concorrencial de setores específicos da atividade econômica nacional, **de ofício ou quando solicitada** pelo Cade, pela Câmara de Comércio Exterior ou pelo Departamento de Proteção e Defesa do Consumidor do Ministério da Justiça ou órgão que vier a sucedê-lo;

81. Durante a vigência da Lei n. 8.884/1994, a SEAE exercia suas funções de advocacia da concorrência com fundamento em dispositivos infralegais que disciplinavam as competências desconcentradas dentro do Ministério da Fazenda que lhe cabiam: cf., exemplificativamente, art. 29 do Decreto n. 7.482/2011 (antes da modificação promovida pelo Decreto n. 8.391/2015); art. 28 do Decreto n. 7.386/2010; art. 27 do Decreto n. 7.301/2010; art. 27 do Decreto n. 7.050/2009; art. 23 do Decreto n. 6.764/2009; art. 17 do Decreto n. 6.661/2008; art. 12 do Decreto n. 6.531/2008; art. 12 do Decreto n. 6.313/2007; Decreto 6.193/2007; art. 11 do Decreto n. 6.102/2007; art. 11 do Decreto n. 5.949/2006; art. 11 do Decreto n. 5.510/2005; art. 11 do Decreto n. 5.136/2004; art. 11 do Decreto n. 4.643/2003; entre outros.

> V – elaborar estudos setoriais que sirvam de insumo para a participação do Ministério da Fazenda na formulação de políticas públicas setoriais nos fóruns em que este Ministério tem assento;
>
> VI – propor a revisão de leis, regulamentos e outros atos normativos da administração pública federal, estadual, municipal e do Distrito Federal que afetem ou possam afetar a concorrência nos diversos setores econômicos do País;
>
> VII – manifestar-se, **de ofício ou quando solicitada**, a respeito do impacto concorrencial de medidas em discussão no âmbito de fóruns negociadores relativos às atividades de alteração tarifária, ao acesso a mercados e à defesa comercial, ressalvadas as competências dos órgãos envolvidos;
>
> VIII – **encaminhar ao órgão competente representação** para que este, a seu critério, adote as medidas legais cabíveis, sempre que for identificado ato normativo que tenha caráter anticompetitivo (grifos nossos).

De modo geral, nos termos da lei, à SEAE são atribuídas matérias que envolvem a intersecção de temas relacionados à regulação dos mercados e à defesa da concorrência. Não obstante, ações voltadas para a promoção da concorrência não ficam adstritas a mercados regulados, destinando-se a qualquer tipo de mercado em que a concorrência seja possível.

Por várias vezes, a lei estabelece que a SEAE deverá atuar apenas se entender pertinente, de modo que a atuação em prol da advocacia da concorrência, nesses casos, sujeita-se ao juízo de discricionariedade do órgão.

Não há previsão legal ou regulamentar relativa ao procedimento a ser observado pela SEAE no exercício da advocacia da concorrência. Não obstante, observa-se uma tendência clara em adotar medidas e elaborar pareceres e notas técnicas condizentes com as melhores práticas definidas internacionalmente no âmbito da OCDE e pela ICN.

A SEAE é órgão específico singular vinculado ao Ministério da Fazenda[82], que, por isso, dispõe de grau limitado de autonomia política e financeira. Nos termos do Decreto n. 7.482, de 16 de maio de 2011,

82. Cf. art. 2º, II, "e", do Anexo I do Decreto n. 7.482/2011.

que aprova a Estrutura Regimental e o Quadro Demonstrativo dos Cargos em Comissão e das Funções Gratificadas do Ministério da Fazenda (Decreto n. 7.482/2011), a SEAE é composta pelas seguintes subsecretarias e respectivas coordenações-gerais especializadas:

> **(i) Subsecretaria de Análise Econômica e Advocacia da Concorrência (SUCON)**: (1) Coordenação-Geral da Advocacia da Concorrência em Setores Regulados (COGCR) e (2) Coordenação-Geral da Promoção da Concorrência (COGPC);
>
> **(ii) Subsecretaria de Regulação e Infraestrutura (SUINFRA)**: (1) Coordenação-Geral de Energia (COGEN), (2) Coordenação-Geral de Transportes e Logística (COGTL) e (3) Coordenação-Geral de Infraestrutura Urbana e Recursos Naturais (COGUN); e
>
> **(iii) Subsecretaria de Concorrência Internacional e Defesa da Economia Popular (SUDEP)**: (1) Coordenação-Geral de Análise de Promoções Comerciais e Regulação de Loterias (COGAP) e (2) Coordenação-Geral de Comércio internacional (COGCI).

Veja-se, abaixo, o organograma completo da estrutura organizacional atual[83] da SEAE[84]:

83. A estrutura organizacional atual da SEAE foi introduzida apenas recentemente, após a edição do Decreto n. 8.391, de 16 de janeiro de 2015 (Decreto n. 8.391/2015), que alterou o Decreto n. 7.482/2011. O referido decreto se limita a descrever as subsecretarias, não fazendo referência expressa às coordenações-gerais. Até então, a organização interna da SEAE era definida pelo Regimento Interno aprovado pela Portaria n. 386, de 14 de julho de 2009, do Ministério da Fazenda (art. 2º), composta por um Gabinete, nove coordenações-gerais especializadas e uma Gerência de Gestão. As coordenações-gerais eram as seguintes: Coordenação-Geral de Concorrência Internacional (COGCI); Coordenação-Geral de Economia da Saúde (COGSA); Coordenação-Geral de Comunicação e Mídia (COGCM); Coordenação-Geral de Defesa da Concorrência (COGDC); Coordenação-Geral de Energia (COGEN); Coordenação-Geral de Competitividade e Análise Setorial (COGAS); Coordenação-Geral de Análise de Promoções Comerciais (COGAP); Coordenação-Geral de Transportes e Logística (COGTL); e Coordenação-Geral de Controle de Estruturas de Mercado – Unidade Descentralizada RJ – (COGCE). O referido Regimento Interno ainda não foi atualizado, após a edição do Decreto n. 8.391/2015.

84. O organograma pode ser acessado no seguinte link: <http://www.Seae.fazenda.gov.br/acesso-a-informacao/institucional/organograma/organograma>. Acesso em: 07.08.2015.

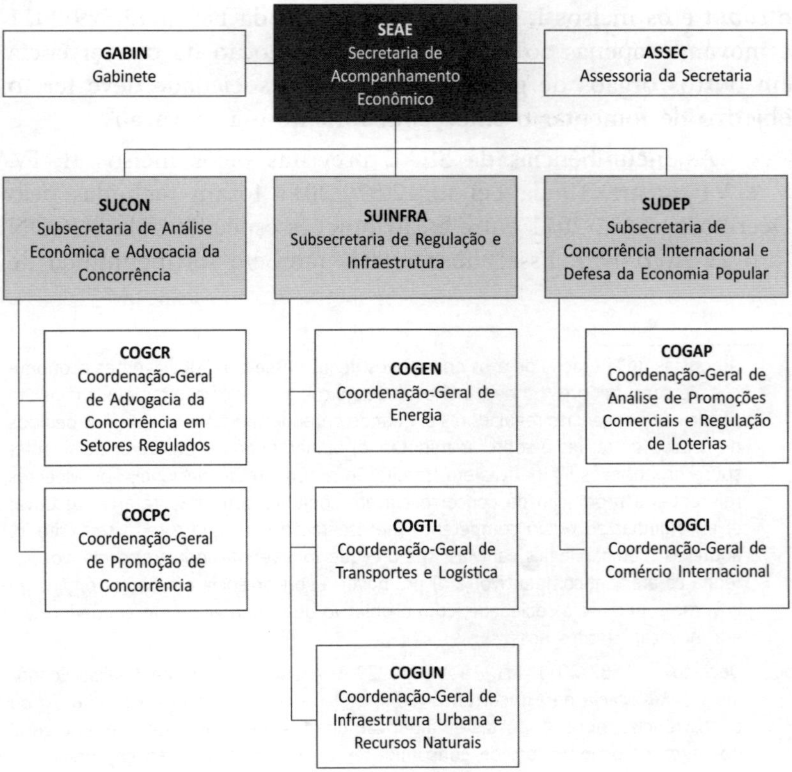

***Figura 1:** Estrutura organizacional da SEAE*
***Fonte:** SEAE.*

O Decreto n. 7.482/2011 (conforme alterado pelo Decreto n. 8.391/2015) também descreve a competência da SEAE no que se refere à advocacia da concorrência (art. 29, I[85]), reproduzindo

85. Decreto n. 7.482/2011, art. 29, I: "Art. 29. À Secretaria de Acompanhamento Econômico, órgão integrante do Sistema Brasileiro de Defesa da Concorrência, compete: I – propor, coordenar e executar as ações do Ministério, relativas à gestão das **políticas de promoção da concorrência** no contexto da Lei n. 12.529, de 30 de novembro de 2011, e da defesa da ordem econômica, **cabendo-lhe especialmente o seguinte**: *a*) opinar, nos aspectos referentes à promoção da concorrência, sobre

o *caput* e os incisos I, III e VIII do art. 19 da Lei n. 12.529/2011 e inovando apenas ao afirmar que a promoção da concorrência em outros órgãos de governo e perante a sociedade deve ter "o objetivo de fomentar o empreendedorismo e a inovação".

As incumbências da SEAE previstas pelos incisos II, IV, V e VI do art. 19 da Lei n. 12.529/2011 foram incluídas pelo Decreto n. 7.482/2011 entre as atribuições específicas da SUCON (art. 29-A, II-V[86]). Essa Subsecretaria também foi incumbida de

---

propostas de alteração de atos normativos de interesse geral dos agentes econômicos, de consumidores ou de usuários dos serviços prestados submetidos à consulta pública pelas agências reguladoras e, quando entender pertinente, sobre os pedidos de revisão de tarifas e sobre as minutas; *b*) opinar, quando considerar pertinente, sobre proposições legislativas em tramitação no Congresso Nacional, nos aspectos referentes à promoção da concorrência em conjunto com a Secretaria-Executiva; *c*) encaminhar ao órgão competente representação para que este, a seu critério, adote as medidas legais cabíveis, sempre que for identificado ato normativo que tenha caráter anticompetitivo; e *d*) promover a concorrência em outros órgãos de governo e perante a sociedade, com o objetivo de fomentar o empreendedorismo e a inovação" (grifos nossos).

86. Decreto n. 7.482/2011, art. 29-A: "Art. 29-A. À Subsecretaria de Análise Econômica e Advocacia da Concorrência compete: I – opinar, quanto à promoção da concorrência, sobre propostas de alteração de atos normativos de interesse geral dos agentes econômicos, de consumidores ou usuários dos serviços prestados submetidos à consulta pública pelas agências reguladoras; II – opinar, quando considerar pertinente, sobre minutas de atos normativos elaborados por entidade pública ou privada submetidas à consulta pública, nos aspectos referentes à promoção da concorrência; III – elaborar estudos para avaliar a situação concorrencial de setores específicos da atividade econômica nacional, de ofício ou quando solicitada pelo Conselho Administrativo de Defesa Econômica – Cade, pela Câmara de Comércio Exterior ou pelo Departamento de Proteção e Defesa do Consumidor do Ministério da Justiça ou órgão que vier a sucedê-lo; IV – elaborar estudos setoriais que sirvam de insumo para a participação do Ministério da Fazenda na formulação de políticas públicas setoriais, nos fóruns em que este Ministério tem assento; V – propor a revisão de leis, regulamentos e outros atos normativos da administração pública federal, estadual, municipal e do Distrito Federal, que afetem ou possam afetar a concorrência nos diversos setores econômicos do País; VI – manifestar-se acerca do impacto regulatório dos modelos de regulação e gestão, inclusive sobre empreendedorismo e inovação exarados de entes reguladores; VII – elaborar e submeter à apreciação do Secretário de Acompanhamento Econômico representação sempre que for identificado ato normativo que tenha caráter anticompetitivo; e VIII – representar junto ao Cade,

proceder à análise de impacto regulatório, apesar do silêncio da Lei n. 12.529/2011 com relação a esse tema.

Por outro lado, a manifestação da SEAE a respeito do impacto concorrencial de medidas em discussão no âmbito de fóruns negociadores relativos às atividades de alteração tarifária, ao acesso a mercados e à defesa comercial (art. 19, VII, da Lei n. 12.529/2011) foi prevista como competência específica da SUDEP (art. 29-B, II, do Decreto n. 7.482/2011).

Em suma, todas as matérias arroladas pela Lei n. 12.529/2011 como competências da SEAE foram reproduzidas pelo Decreto n. 7.482/2011. Chama a atenção, porém, o fato de que nem todas as matérias características da advocacia da concorrência foram centralizadas na SUCON e que essa Subsecretaria foi incumbida também de proceder à análise de impacto regulatório, matéria essa aparentemente mais afeta à SUINFRA.

Para o cumprimento de suas atribuições, a SEAE é autorizada pela Lei n. 12.529/2011[87] a (i) requisitar informações e documentos de quaisquer pessoas, órgãos, autoridades e entidades, públicas ou privadas, mantido o sigilo legal; e (ii) a celebrar acordos e convênios com órgãos ou entidades públicas ou privadas, federais, estaduais, municipais, do Distrito Federal e dos Territórios para avaliar e/ou sugerir medidas relacionadas à promoção da concorrência.

A SEAE pode ainda encaminhar representação ao órgão competente para que tome as medidas cabíveis em face do ato normativo que tenha caráter anticompetitivo[88], bem como propor medidas de aprimoramento normativas e regulamentares para aperfeiçoar políticas de defesa da concorrência no âmbito federal[89].

---

caso identifique indícios de infração à ordem econômica, para a instauração de inquérito administrativo ou processo administrativo, nos termos do § 6º do art. 66 da Lei n. 12.529, de 2011".

87. Cf. art. 19, § 1º, I e II, da Lei n. 12.529/2011.

88. Cf. art. 19, VIII, da Lei n. 12.529/2011.

89. Cf. art. 29, § 1º, II, do Decreto n. 7.482/2011.

5.2 O EXERCÍCIO DA ADVOCACIA DA CONCORRÊNCIA PELA SEAE

Muito embora a função de promover a concorrência somente tenha sido explicitada pela legislação nacional em 2011, verifica-se que a SEAE já desempenhava o papel de advogada da concorrência desde 2003. Segundo consta do Relatório de Atividades da SEAE de 2006, a designação da SEAE para essa tarefa foi desdobramento natural da experiência adquirida pela SEAE como órgão instrutor do SBDC e da preexistência de estrutura organizacional que a capacitava para atuar em todas as vertentes da promoção da concorrência:

> (i) se manifestando sobre o impacto concorrencial de regras regulatórias, destacando-se a análise *a posteriori*, a análise prévia e a análise de normatização técnica, (ii) participando de fóruns nacionais e internacionais que discutem a aplicação de barreiras comerciais e direitos antidumping, (iii) se manifestando sobre os aspectos concorrenciais de processos licitatórios e (iv) participando de conselhos governamentais enquanto representante do Ministro de Estado da Fazenda. (SEAE, 2006, p. 26)

Ainda no início da atividade de advocacia da concorrência pela SEAE houve a revogação, em março de 2006, de disposição normativa[90] do Departamento Nacional de Trânsito (Denatran), órgão máximo executivo de trânsito da União, nos termos da qual o valor máximo, por hora-aula, de serviços prestados por autoescolas deveria ser fixado pelos Departamentos Estaduais de Trânsito (DETRANs). A revogação ocorreu por iniciativa do próprio Denatran após a SEAE ter analisado dois casos concretos em que houve fixação de preço por Detrans, emitido Notas Técnicas sobre o assunto e promovido reuniões com integrantes do Mi-

---

90. O art. 23 da Portaria Denatran n. 47, de 18.03.1999, com redação dada pela Portaria Denatran n. 23, de 04.06.2001, foi revogado pela Portaria Denatran n. 23, de 30.03.2006. Em sua redação original, o art. 23 previa, ele próprio, os valores máximos, por hora-aula, a serem observados pelas autoescolas.

nistério Público Federal (MPF) e do Denatran para discussão da questão (SEAE, 2006, p. 27)[91].

A partir daí, houve diversas iniciativas da SEAE no sentido de promover a concorrência. Pela análise do sítio eletrônico da Secretaria, é possível identificar que o órgão exerce a advocacia da concorrência pelas seguintes frentes, analisadas adiante em mais detalhes: (i) manifestações técnicas: (ii) acordos e convênios; (iii) eventos; (iv) publicações; e (v) relatórios anuais.

5.2.1 Manifestações técnicas

No sítio eletrônico da SEAE são encontradas apenas duas categorias de documentos de caráter eminentemente técnico:

(i) sob o título "Advocacia da Concorrência", estão disponíveis Notas Técnicas da COGUN que tratam de certas questões concorrenciais específicas de mercados determinados ("Notas Técnicas"); e

(ii) sob o título "Pareceres Analíticos sobre Regras Regulatórias", estão disponíveis vários pareceres, a maior parte originários da SUINFRA e de suas coordenações setoriais (COGEN, COGTL e COGUN), que expressam

---

91. A SEAE tomou conhecimento da questão no âmbito de processo administrativo em trâmite no CADE em que se investigava suposto cartel de Centros de Formação de Condutores (CFCs). Propôs, então, analisar dois casos concretos de tabelamento de preços praticados por autoescolas, sendo o primeiro decorrente de Portaria do Detran de Santa Catarina (Nota Técnica n. 06002/2006/DF COGDC/SEAE/MF, de 2 de fevereiro de 2006) e o segundo de Portaria do Detran do Rio Grande do Sul (Nota Técnica n. 06005/2006/DF COGDC/SEAE/MF, de 27 de março de 2006). Ambas as Notas Técnicas tinham por objetivo delimitar as razões da ilegalidade e do caráter anticompetitivo do tabelamento de preços imposto pelos Detrans às autoescolas. Nos dois casos, a SEAE concluiu que não havia autorização legal para tabelamento de preços por parte do Denatran ou do Detran e que, ainda que houvesse, essa medida violaria os princípios constitucionais da livre-iniciativa e da livre concorrência. Recomendou, então, o envio das Notas Técnicas ao Ministério Público para adoção das medidas judiciais cabíveis para declaração da ilegalidade dos atos normativos anticompetitivos e determinasse que os Detrans se abstivessem de orientar qualquer política de preço no mercado. Foram realizadas, por fim, reuniões com o Ministério Público Federal e com integrantes do Denatran que resultaram na revogação do dispositivo regulamentador em questão (SEAE, 2006, p. 27).

as manifestações da SEAE em consultas e audiências públicas promovidas por agências reguladoras ("Pareceres Regulatórios").

Não são disponibilizadas manifestações da SEAE no âmbito de processos administrativos do CADE ou do Ministério do Desenvolvimento, Indústria e Comércio Exterior (MDIC) nem mesmo manifestações relativas a proposições normativas oriundas do Congresso Nacional. Por meio de contato direto, no entanto, a SEAE informou que tem atuado ativamente na análise de impactos concorrenciais de proposições legislativas, tanto no âmbito federal como nas esferas estaduais e municipais[92]. Infere-se a partir dessa constatação que nem todo o trabalho técnico da SEAE, ainda que desprovido de caráter confidencial, é disponibilizado ao público.

No que se refere aos documentos disponíveis, as Notas Técnicas originárias da COGUN versam, em sua quase totalidade, sobre questões de interesse local (ainda que muitas vezes tais questões se repitam em diversas localidades), merecendo destaque as seguintes:

- Centros de Formações de Condutores (CFCs): são analisadas normas de diversos estados que tabelam ou estabelecem limites mínimos e máximos de preços pelos serviços prestados pelos CFCs; ou que criam restrições ao credenciamento de CFCs perante os departamentos de trânsito estaduais;
- Serviços de Táxi Municipais: a partir de um processo iniciado pela SDE, a SEAE se manifesta sobre o mercado de táxis em algumas cidades (Vitória, Aracaju, Natal, Distrito Federal, Salvador, Goiânia, Engenheiro Paulo de Frontin);
- Estacionamento rotativo: são examinadas leis distritais que disciplinam a cobrança e gratuidade de estaciona-

92. Conferência telefônica realizada com o Subsecretário Leonardo Lima Chagas, da Subsecretaria de Análise Econômica e Advocacia da Concorrência, no dia 13 de julho de 2015.

mentos e garagens no Distrito Federal, inclusive em *shopping centers*;

- Serviços funerários: são analisadas normas restritivas de prefeituras municipais tabelando os preços aplicáveis à prestação dos serviços;
- Serviço de fabricação de placas para automóveis: são analisadas normas que tratam da padronização das placas veiculares e do tabelamento de preços.

Algumas Notas Técnicas versam sobre questões de interesse nacional, como os efeitos concorrenciais da Lei n. 6.729/1979 ("Lei Ferrari") na dinâmica competitiva da indústria automobilística e no mercado de autopeças e o exame das características do mercado de leite hidrolisado para crianças que possuem alergia à proteína do leite de vaca.

Em maior parte, as Notas Técnicas têm por origem ofícios encaminhados à SEAE por órgãos como o CADE ou Ministérios Públicos estaduais. Em alguns casos, a SEAE tomou a iniciativa de requerer informações sobre determinados mercados e elaborar Nota Técnica a respeito. Isso ocorreu, sobretudo, em relação a regras estaduais relativas aos CFCs. Como já visto, desde 2006, a SEAE teve atuação destacada em relação a certas normas estaduais restritivas da concorrência nesse ramo de atividade.

Como resultado das Notas Técnicas, a SEAE normalmente envia recomendações a autoridades administrativas locais (como os departamentos estaduais de trânsito) ou nacionais, além de ofícios aos institutos de defesa do consumidor (PROCONs), ao CADE ou aos representantes do Ministério Público, estadual ou federal, para a adoção de medidas cabíveis.

Em Nota Técnica referente ao mercado de leite hidrolisado, a SEAE sugeriu a adoção de certas políticas públicas de assistência à saúde no âmbito do Sistema Único de Saúde (SUS) e a redução de alíquota do imposto de importação por meio de pleitos a serem apresentados pelas partes interessadas à Câmara de Comércio Exterior (CAMEX) ou à própria SEAE, como meio de mitigar a tendência à formação de preços no mercado nacional superiores aos praticados em outros países[93].

Já no exame dos efeitos concorrenciais da Lei Ferrari, a SEAE, em uma primeira nota técnica, a pedido do MPF fez apontamentos relativos a restrições à concorrência dela decorrentes[94]. Com base na manifestação da SEAE, o MPF propôs à Casa Civil da Presidência da República que revogasse a Lei Ferrari por meio da edição de projeto de lei que criasse incentivos à produção de autopeças no Brasil[95]; a Casa Civil, por sua vez, delegou a questão para a SEAE[96], que, em segunda nota técnica sobre o assunto, solicitou à Procuradoria-Geral da Fazenda Nacional que esclarecesse se a apresentação de eventual proposta de projeto de lei ou medida provisória acerca do mercado automobilístico era matéria abrangida pela sua competência ou se estaria no âmbito das atribuições do MDIC[97].

Nos Pareceres Regulatórios, por sua vez, a SEAE se pronuncia a respeito de minutas de atos normativos originários de algumas agências reguladoras. Diferentes coordenações da SEAE são responsáveis pela análise dos atos oriundos de diferentes agências reguladoras, do seguinte modo:

- Agência Nacional de Energia Elétrica (ANEEL) e Agência Nacional do Petróleo, Gás Natural e Biocombustíveis (ANP): pareceres emitidos pela COGEN;
- Agência Nacional de Transportes Terrestres (ANTT), Agência Nacional de Transportes Aquaviários (ANTAQ) e Agência Nacional de Aviação Civil (ANAC): pareceres emitidos pela COGTL;

93. Nota Técnica n. 06247/2012/DF COGUN/SEAE/MF.
94. Nota Técnica n. 21/2012/COGUN/SEAE/MF.
95. Nota Técnica n. 44/2013/3ª CCR/MPF.
96. Ofício n. 504/13-SAJ, de 16 de outubro de 2013; Ofício n. 2258/2013-Gabinete/C. Civil – PR, de 24 de outubro de 2013; e Aviso n. 821/GAB-C. Civil/PR, de 08 de novembro de 2013.
97. Nota Técnica n. 06208/2013/DF COGUN/SEAE/MF.

- Agência Nacional de Águas (ANA): pareceres emitidos pela COGUN;
- Agência Nacional do Cinema (ANCINE), Agência Nacional de Telecomunicações (ANATEL) e Agência Nacional de Vigilância Sanitária (ANVISA): pareceres emitidos pela COGPC.

Como se vê, os atos normativos de diversas agências reguladoras (ANEEL, ANP, ANTT, ANTAQ, ANAC, ANA) foram analisados exclusivamente por coordenações da SEAE subordinadas à SUINFRA, enquanto os atos normativos de outras agências reguladoras (ANCINE, ANATEL e ANVISA) são objeto de pareceres emitidos apenas por coordenações da SEAE subordinadas à SUCON. Em apenas um caso, referente a ato normativo da ANP, foi apresentada manifestação conjunta da SUINFRA e da SUCON, tratando do debate em curso a respeito de verticalização no setor de Gás Liquefeito de Petróleo (GLP), objeto da Consulta Pública n. 6/2015 da Agência em questão[98].

5.2.2 Acordos e convênios

Estão disponíveis para consulta no sítio da SEAE na internet 27 acordos e convênios nos quais a SEAE é parte; nove deles estão em vigor e têm por objeto temas e iniciativas afetos à advocacia da concorrência. Não há, porém, notícia de ações específicas relacionadas ao escopo desses acordos e convênios que tenham sido promovidas pelos órgãos envolvidos[99].

98. Parecer Analítico sobre Regras Regulatórias n. 211/COGEN/COGCR/SEAE/MF. Brasília, 4 de agosto de 2015. Ainda a respeito da Consulta Pública n. 6/2015 da ANP, *vide* ARAUJO JR., José Tavares de. Integração Vertical e Competição no Setor de GLP: anatomia de um falso debate. Julho de 2015, p. 13. Disponível em: <http://www.ecostrat.net/files/Verticalizacao-Anatomia_de_um_falso_debate-Jose_Tavares.pdf>. Acesso em: 16.09.2015.

99. Os acordos e convênios em vigor dos quais a SEAE é parte e que têm por objeto advocacia da concorrência, que puderam ser identificados após filtragem dos documentos disponibilizados no site, encontram-se no Anexo I.

5.2.3 Eventos

Desde 2006, a SEAE promove edições anuais do "Prêmio SEAE de Monografias". Trata-se de concurso idealizado pela SEAE e realizado pela Escola de Administração Fazendária (ESAF) para seleção dos melhores artigos acadêmicos a respeito dos temas "Defesa da Concorrência" e "Regulação Econômica".

A SEAE também oferece, com periodicidade incerta, programas de intercâmbio em que são promovidas atividades direcionadas à defesa da concorrência e à regulação econômica, que proporcionam aos participantes discussões teóricas e interação com o corpo técnico da Secretaria. O objetivo é a "disseminação da cultura da gestão das políticas de regulação de mercados e de defesa da concorrência a estudantes de graduação nas diversas áreas do conhecimento, especialmente de economia, direito, contabilidade e administração"[100].

5.2.4 Publicações

As seguintes publicações de cunho acadêmico podem ser acessadas no site da SEAE:

(i) Estudos setoriais de autoria da própria SEAE: os estudos disponíveis no site foram intitulados "Panorama do trigo e derivados" e "Panorama do mercado de fertilizantes"[101];

(ii) "Documentos de Trabalho": publicação sem periodicidade definida que tem por objetivo divulgar estudos referentes a temas relacionados a áreas de atuação da SEAE. São selecionados para publicação trabalhos de cunho teórico ou aplicado sobre a economia brasileira, preferencialmente inéditos, de autoria do próprio corpo técnico da SEAE. Percebe-se que os documentos de trabalho da SEAE possuem vários objetivos, destacando-se: (a) dar maior publicidade e transpa-

100. Portaria SEAE n. 20, de 20 de março de 2012, artigo 1º, I.

101. Esses estudos podem ser acessados no seguinte link: <http://www.Seae.fazenda.gov.br/central-de-documentos/panoramas-setoriais>. Acesso em: 07.08.2015. Não são divulgadas as datas de realização dos estudos.

rência a trabalhos efetuados pela Secretaria, como o DT n. 40; (b) dar maior amplitude a trabalhos feitos por técnicos da SEAE, nas áreas de interesse da Secretaria, em atividades externas à SEAE, como os DTs n. 35 e 38; (c) sinalizar uma agenda futura para questões de regulação como os DTs n. 41, 42 e 43, além de refletir sobre políticas e marcos regulatórios em andamento, como os DTs n. 33, 36, 37, 39 e 44[102];

(iii) "Textos e Artigos": trabalhos de diversos autores e temas, que não refletem as posições oficiais do Ministério da Fazenda[103].

Além disso, "Relatórios de Atividades da SEAE" são publicados desde 1997. Trata-se de documento precipuamente descritivo cujo objetivo é tornar públicos os trabalhos realizados pela Secretaria ao longo do ano, em prol da transparência[104]. Com efeito, após a entrada em vigor da Lei n. 12.529/2011, a divulgação em base anual das ações da SEAE voltadas à promoção da concorrência passou a ser dever imposto por lei[105]. Não obstante, o último relatório disponibilizado no site da Secretaria é referente ao ano de 2012.

5.2.5 Mecanismos de avaliação e monitoramento

Segundo informações obtidas junto à SEAE, a Secretaria busca monitorar o desenvolvimento de cada projeto por ela desenvolvido em prol da advocacia da concorrência, bem como o

---

102. Há 48 Documentos de Trabalho disponíveis para consulta no site da SEAE. Segundo a SEAE, essas publicações têm propósitos diversos, conforme apontado no relatório anual de atividades do ano de 2006. (SEAE, 2006, p. 76). Para mais informações a esse respeito, consultar o seguinte link: <http://www.Seae.fazenda.gov.br/central-de-documentos/documentos-de-trabalho>. Acesso em: 07.08.2015.

103. Para mais informações a esse respeito, consultar o seguinte link: <http://www.Seae.fazenda.gov.br/central-de-documentos/textos-e-artigos>. Acesso em: 07.08.2015.

104. Para mais informações a esse respeito, consultar o seguinte link: <http://www.Seae.fazenda.gov.br/central-de-documentos/relatorio-de-atividades>. Acesso em: 07.08.2015.

105. Cf. art. 19, § 2º, da Lei n. 12.529/2011. O Decreto n. 7.482/2011 também prevê a obrigatoriedade de publicação pela SEAE de relatórios anuais relativos às ações voltadas à promoção da concorrência no art. 29, § 3º, do Anexo.

grau de efetividade de cada um. A SEAE acompanha os projetos em curso, avalia se o projeto está sendo implementado nos prazos estabelecidos e se os objetivos traçados inicialmente foram alcançados.

Não há, entretanto, indicação de monitoramento ativo e detalhado nem metodologia precisa para definição das métricas de avaliação, problema comum a outras áreas de governo.

5.2.6 Projetos

Segundo informações obtidas junto à SEAE em meados de 2015, foram cogitados alguns projetos relacionados à advocacia da concorrência. Dentre eles, os mais relevantes seriam os seguintes:

(i) plataforma de ensino digital, a distância, a ser promovida pela ESAF sobre Direito da Concorrência, destinada a todos os gestores públicos estaduais e municipais do Brasil; e

(ii) mapeamento e organização dos esforços ministeriais para melhoria do ambiente de negócios no Brasil e interlocução com o Banco Mundial a esse respeito. O objetivo é levar as iniciativas do Governo brasileiro ao conhecimento do Banco Mundial para que sejam consideradas na elaboração do projeto *Doing Business*[106].

5.3 CONCLUSÃO PARCIAL

Desde 2003 e, especialmente, após a edição da Lei n. 12.529/2011, a SEAE tem uma atuação permanente em advocacia da concorrência – que se espera será continuada mesmo com as reformulações dos ministérios operadas pelo Governo Federal em 2016. Essa atuação está parcialmente refletida no sítio eletrônico

106. Lançado em 2002, o projeto *Doing Business* examina as pequenas e médias empresas nacionais e analisa as regulamentações aplicadas a elas durante o seu ciclo de vida. Assim, esse estudo serve de ferramenta para medir o impacto das regulamentações sobre as atividades empresariais ao redor do mundo – <http://portugues.doingbusiness.org/about-us>.

da SEAE, que reproduz uma grande quantidade de notas técnicas sobre mercados específicos e de pareceres sobre atos normativos de agências reguladoras.

No entanto, os documentos disponibilizados na internet não abrangem a totalidade das agências reguladoras e outros órgãos governamentais que submetem atos normativos a consultas e audiências públicas (não foi divulgada, por exemplo, qualquer manifestação em consultas públicas promovidas pelo CADE) e não incluem as manifestações da SEAE a respeito de propostas legislativas de âmbito municipal, estadual ou federal.

Um desafio importante para a SEAE é encontrar meios para agir de forma menos reativa. Na maior parte das vezes, a atividade de advocacia da concorrência da SEAE decorre de provocação de terceiros (Ministério Público, CADE, PROCONs etc.) ou se dá por meio de manifestações no âmbito de consultas públicas iniciadas por agências reguladoras. Assim, a SEAE, por vezes, vê-se obrigada a concentrar seus esforços em temas de menor impacto concorrencial, enquanto certos mercados não são objeto de análise. Seria muito positivo se a SEAE tivesse a capacidade de eleger prioridades, manifestando-se especialmente sobre temas com maior repercussão geral.

Cumpre registrar, de todo modo, que a SEAE se encontra em um processo de reestruturação interna, que tem como objetivo, entre outros, aprimorar o desempenho de seu papel na advocacia da concorrência.

Nesse processo de reestruturação, seria positivo estabelecer uma definição mais clara das competências das Subsecretarias de Regulação (SUINFRA) e de Advocacia da Concorrência (SUCON).

A princípio, a divisão de competências no âmbito da SEAE entre essas duas Subsecretarias em razão da origem do ato examinado poderia levar a que se privilegiasse, em relação a algumas situações, a análise do aspecto regulatório do ato em detrimento do aspecto concorrencial, e vice-versa. Idealmente, sempre que identificada uma questão concorrencial sensível, a SUCON deveria ser chamada a se manifestar, e sempre que presente uma questão de natureza regulatória, a SUINFRA deveria opinar.

De forma geral, porém, as informações disponíveis mostram uma atuação bastante efetiva e positiva da SEAE. O maior desafio para a SEAE é o de aprimorar o seu sistema de comunicação, não apenas incluindo em sua página na internet seus pareceres a respeito de projetos de lei, e quaisquer outras manifestações de interesse geral, mas também dando maior publicidade a todas as suas frentes de atuação e projetos em prol da advocacia da concorrência.

6

O EXERCÍCIO DA ADVOCACIA DA CONCORRÊNCIA PELO CADE EM MERCADOS REGULADOS

O objetivo deste tópico é avaliar em que medida o CADE exerce a advocacia da concorrência em mercados regulados quando da decisão de atos de concentração e processos administrativos que investigam condutas anticompetitivas.

Mais especificamente, busca-se analisar o posicionamento tomado pelo órgão antitruste com relação ao papel da regulação e como ela impacta as relações competitivas (e, consequentemente, as decisões da autoridade).

Para tanto, foram analisados precedentes do CADE envolvendo mercados regulados julgados tanto sob a égide da Lei n. 8.884/1994 quanto da Lei n. 12.529/2011. Buscou-se, com isso, em princípio, analisar se e como o CADE aborda questões de cunho regulatório, em especial se sugere alterações na regulamentação aplicável visando à promoção da livre concorrência.

Mais ainda, pretendeu-se verificar se a alteração da legislação antitruste, que conferiu à SEAE a competência específica de advocacia da concorrência, implicou, de alguma forma, mudanças no comportamento do CADE ao julgar casos dessa natureza.

Como resultado, foi possível verificar que, em diversas oportunidades, o CADE sugeriu alterações na regulamentação aplicável para tornar os mercados mais competitivos e eficientes. Tais sugestões variam com relação à sua especificidade, ou seja, por vezes a autoridade concorrencial apontou medidas concretas que deveriam ser tomadas pelos órgãos competentes, e por vezes apenas determinou o encaminhamento de sua decisão para que essas autoridades tomassem as medidas que entendessem cabíveis.

Por outro lado, foi possível identificar casos em que o CADE limitou-se a criticar a regulamentação, sem exercer, de fato, advocacia da concorrência. Além disso, há outros precedentes em que o CADE julga ser a regulamentação adequada e suficiente para evitar até mesmo o cometimento de abusos de posição dominante.

Nesse sentido, o presente tópico está dividido em quatro seções, além desta breve introdução.

A primeira delas será destinada ao estudo de casos em que o CADE não exerceu advocacia da concorrência, limitando-se a fazer críticas genéricas à regulamentação aplicável ou a reconhecer a suficiência da regulação para afastar eventuais preocupações de cunho concorrencial.

A segunda subdivisão desta seção visará ao estudo de casos em que o CADE, no exercício da advocacia da concorrência, faz recomendações genéricas às autoridades competentes, sem indicar medidas concretas a serem tomadas para tratar os problemas identificados.

Feito isso, serão estudados casos em que o CADE, no exercício mais efetivo da advocacia da concorrência, faz recomendações específicas aos órgãos reguladores e a outras autoridades governamentais.

Por fim, serão apresentadas as conclusões parciais.

Cumpre ressalvar, desde já, que a pesquisa jurisprudencial aqui apresentada não é (e não pretende ser) exaustiva. Com efeito, apesar da elevada abrangência do estudo empírico realizado, uma avaliação de todos os casos já decididos pelo CADE envolvendo mercados regulados foge ao escopo da presente obra, sendo certo que se trata de importante campo de pesquisa a ser posteriormente complementado e desenvolvido.

6.1 CASOS EM QUE O CADE NÃO EXERCEU A ADVOCACIA DA CONCORRÊNCIA

Nos casos abaixo identificados, sejam atos de concentração, sejam investigações de condutas anticompetitivas, o CADE deixou de exercer a advocacia da concorrência, (i) sustentando a inexistência de problemas concorrenciais em virtude (em grande medida) da suposta suficiência da regulação para tratar as falhas de mercado, ou, ainda, pelo fato de a regulamentação setorial alegadamente não conferir espaço suficiente para a adoção de condutas abusivas; ou (ii) simplesmente se limitando a fazer críticas genéricas à regulamentação aplicável, sustentando não ter competência para tratar das questões verificadas, e se atendendo às questões concorrenciais do caso específico.

a. *Ato de Concentração Telefônica/GVT (Ato de Concentração n. 08700.009732/2014-93)*

Em 17.11.2014, foi notificada ao CADE a operação de aquisição, pela Telefônica Brasil S.A., da totalidade das ações de emissão da GVT Participações S.A. (GVTPar), controladora da Global Village Telecom S.A. (GVT) (então controlada unicamente pela Vivendi S.A. (Vivendi).

A análise concorrencial da operação foi centrada nos seguintes mercados relevantes, divididos entre segmentos de varejo e de atacado, conforme precedentes do CADE e da Agência Nacional de Telecomunicações (ANATEL):

- varejo: Serviço Telefônico Fixo Comutado (STFC) Local, STFC Longa Distância Nacional, STFC Longa Distância Internacional, Serviço de Comunicação Multimídia (SCM, que constitui, em síntese, serviços de internet banda larga) e TV por Assinatura (atualmente SeAC); e
- atacado: transporte de longa distância, transporte local, distribuição em rede de acesso fixa, infraestrutura passiva e terminação em redes móveis.

Ao avaliar os mercados de varejo nas diversas dimensões geográficas definidas, o CADE concluiu pela existência de preocupações concorrenciais em algumas localidades, advindas, sobretudo, de concentração horizontal significativa, elevadas barreiras à entrada e baixa rivalidade. Além disso, o CADE concluiu que a participação societária que a Vivendi teria simultaneamente na Telefônica e no Grupo Telecom Italia poderia ensejar arrefecimento da livre concorrência.

Tais preocupações levaram à assinatura de Acordo em Controle de Concentrações (ACC), que estabeleceu diversos compromissos, incluindo:

- não reduzir, por pelo menos três anos, a atual cobertura geográfica de atendimento da GVT Participações e do Grupo Telefônica para o STFC, SCM e SeAC, abstendo-se de descontinuar a oferta ou de substituí-la por planos inacessíveis aos usuários já atendidos;
- manter, por pelo menos 18 meses contados da data de assinatura do ACC, as ofertas de planos de serviços e ofertas conjuntas do STFC, do SCM e do SeAC vigentes em 22.12.2014 pelas prestadoras da GVT Participações e do Grupo Telefônica;
- manter, por 18 meses, contados da assinatura deste acordo, os serviços prestados pela GVT aos seus Clientes Atuais (tal como definido pelo ACC) em serviços de telecomunicações, nas mesmas condições contratuais vigentes desde 17.11.2014 até o Fechamento da Operação (tal como definido pelo ACC), a não ser que haja interesse em contrário ou descumprimento contratual, ambos pela contraparte;
- apresentar ao CADE cópia do plano de expansão da cobertura da rede e dos principais serviços de telecomunicações, conforme determinado pela ANATEL;
- manter por, no mínimo, três anos, contados do Fechamento da Aquisição da GVT, a média nacional mensal da velocidade de acesso de banda larga contratada pelos

Clientes Atuais da GVT em, no mínimo, 15,1 Mbps; e manter por, no mínimo, três anos, contados do Fechamento da Aquisição da GVT, a média mensal da velocidade de acesso de banda larga contratada pelos Clientes Atuais da GVT em, no mínimo, 18,25 Mbps, dentro do Estado de São Paulo;

- a Telefônica não permitirá que: (i) a Vivendi vote e/ou vete em qualquer instância deliberativa da Telefônica ou de qualquer outra empresa controlada, direta ou indiretamente, pela Telefônica; (ii) a Vivendi participe de qualquer forma nas deliberações de matérias que tratem de assuntos relacionados à atuação da Telefônica Brasil S.A. (TBrasil); (iii) a Vivendi indique membros para os Conselhos de Administração, Diretorias ou órgãos de atribuições equivalentes das empresas controladas, direta ou indiretamente, pela TBrasil ou de suas controladoras, estabelecidas no Brasil, que atuam na prestação de serviços de telecomunicações no mercado brasileiro; (iv) a Vivendi celebre qualquer acordo de acionistas ou qualquer contrato equivalente a esse acordo com relação às participações que ela deterá na TBrasil; (v) a Vivendi aumente sua participação acionária, direta ou indireta, na TBrasil, por qualquer tipo de ação; (vi) a Vivendi altere as condições de sua participação acionária na TBrasil, de forma que ela não detenha nenhum direito político na TBrasil; e (vii) a Vivendi acesse ou compartilhe, direta ou indiretamente, entre quaisquer empresas, ou entre responsáveis pela administração e representação das empresas Vivendi, do Grupo Telefônica e da Telecom Italia, informações sensíveis relativas à atuação desses Grupos no setor de telecomunicações. Essa vedação de acesso e compartilhamento de informações compreende também as informações sensíveis que venham a se tornar públicas *a posteriori*, ainda que estejam sob domínio privado das partes no momento da transmissão, estando também vedado o acesso adiantado ou privilegiado a informações confidenciais, estratégicas ou concorrencialmente sensíveis relativas à atuação das partes no mercado brasileiro de telecomunicações.

De todo modo, e para os fins da presente obra, é interessante notar a importância conferida pelo Conselheiro Relator Márcio de Oliveira Júnior à regulamentação da ANATEL no mercado de atacado. Em especial, verificou-se que as medidas regulatórias assimétricas estabelecidas na regulamentação afastariam a probabilidade de abuso de posição dominante na maior parte dos mercados geográficos definidos.

Com efeito, nas palavras do Conselheiro Relator:

> 263. Ressalto que a GVT não é enquadrada como PMS em nenhum município de SP. Por outro lado, a TEF é classificada como PMS em pelo menos um dos mercados de atacado local nos municípios em que foram identificadas preocupações. Assim, a GVT não possui obrigação regulatória de submeter ofertas públicas desagregadas no atacado, enquanto a TEF deve fazer isso nos termos da regulação, submetendo tais ofertas ao Sistema de Negociação das Ofertas de Atacado (SNOA).
>
> 264. **Como consequência de tais normas regulatórias, a operação tem o potencial de aumentar a oferta nos mercados de atacado local desses municípios**. Caso a ANATEL considere a empresa resultante da aquisição da GVT como PMS nos mercados de atacado local, a TEF será obrigada a abrir a rede da GVT para contratos desagregados (i.e. separados dos contratos de transporte longa distância), permitindo a qualquer agente solicitante fazer ligação com sua rede de acesso sem necessitar de um contrato de longa distância. Dessa forma, **o mecanismo regulatório impede a prática de fechamento do mercado à jusante por parte da empresa enquadrada como PMS**.
>
> 265. Ainda, **em virtude das normas regulatórias, a TEF possui um departamento específico para o atacado, ao contrário da GVT. Caso seja aprovada a operação, a oferta de rede da GVT será incorporada a esse setor. Dessa forma, as empresas demandantes de serviços no atacado serão atendidas por uma estrutura especializada no setor**. [...]
>
> 271. Portanto, concluo que **a norma regulatória prevista no PGMC**, a reduzida dimensão da GVT e a presença do Grupo Telmex nos mercados de rede de acesso, transporte local e infraestrutura passiva dos

municípios em que foram identificadas preocupações concorrenciais **eliminam as preocupações no atacado para os seguintes municípios: Bauru/SP, Campinas/SP, Guarulhos/SP, Indaiatuba/SP, Jundiaí/SP, Mauá/SP, Mogi das Cruzes/SP, Osasco/SP, Piracicaba/SP, Ribeirão Preto/SP, Santo André/SP, Santos/SP, São Bernardo do Campo/SP, São Paulo/SP, São Vicente/SP, Sorocaba/SP** (grifos nossos).

Outra passagem do voto reconhece expressamente o papel da regulamentação *ex ante* da ANATEL como ferramenta inibidora de potenciais abusos das Requerentes uma vez implementada a operação: "248. Friso que, nesse mercado, a TEF continuará enfrentando rivalidade do *player* convergente Grupo Telmex. *Por fim, existe regulação específica da ANATEL para remediar as falhas de mercado presentes nesse segmento, com valor de referência para a tarifa de interconexão fixomóvel*" (grifo nosso).

Dessa forma, ainda que não tenha sido o único motivo pela conclusão de ausência de impactos concorrenciais nos mercados de atacado, o CADE entendeu ser a regulação um fator essencial para afastar preocupações de cunho antitruste por coibir, *ex ante*, a adoção de estratégias anticompetitivas.

b. *Processo Administrativo GVT/TIM, Vivo, Oi e Claro (Processo Administrativo n. 08012.008501/2007-91)*

Em 11.09.2013, o CADE arquivou, por unanimidade, processo administrativo instaurado a partir de denúncia da GVT, para investigar suposta conduta abusiva cometida pelas operadoras móveis TIM, Vivo, Oi e Claro.

As práticas investigadas consistiam, em síntese, em (i) conluio entre as operadoras para fixação de valores elevados de Valor de Uso da Rede Móvel (VU-M), que consiste no preço pago pela interconexão de chamadas na rede móvel), e (ii) *price squeeze*, mediante a cobrança de preços públicos para chamadas *on-net* (ou seja, chamadas feitas entre clientes da mesma operadora móvel, dentro da mesma rede) em valores menores do que os de VU-M (muitas vezes, tais chamadas não eram cobradas do usuário, que poderia fazer quantas quisesse).

À época, a SDE recomendou (i) o arquivamento do processo com relação ao suposto conluio denunciado, uma vez que não havia provas de que as operadoras tinham se coordenado para fixar os valores de VU-M; e (ii) a condenação de TIM, Vivo e Claro pela prática de *price squeeze*.

Ao julgar o caso, a Conselheira Relatora Ana Frazão confirmou a inexistência de provas de conluio para fixar valores do VU-M, mas concluiu, ao contrário da SDE, pela inexistência de indícios de prática anticompetitiva consubstanciada em *price squeeze*. Dentre os motivos que fundamentaram tal conclusão, destaca-se que a regulamentação setorial era tal que não permitia espaço de livre-iniciativa suficiente para que se aventasse uma prática anticompetitiva mediante a fixação de valores de VU-M.

Em suas palavras:

> Pressuposto essencial da prática de *price squeeze*, no caso concreto, seria o de que as Representadas teriam liberdade para fixar o preço do insumo que se considera essencial para as Representantes: o acesso às redes móveis no mercado de terminação de chamadas.
>
> Ocorre que, como ficou amplamente comprovado no processo, inclusive com afirmações da própria ANATEL, não houve nenhum momento em que as Representadas fixaram o valor do VU-M. [...]
>
> Ora, se a própria ANATEL homologou os valores de VU-M em um primeiro momento e, a partir daí, fixou o único valor de reajuste do VU-M que ocorreu, parece-me claro que não houve aqui espaço de livre-iniciativa suficiente para a configuração, ainda que em tese, de qualquer conduta anticoncorrencial por parte das Representados (fls. 10.380-10.381).

Novamente, o posicionamento tomado pelo CADE neste precedente foi o de que a regulação seria fator relevante para afastar as preocupações de cunho antitruste.

c. *Processo Administrativo Funerária Atibaia Ltda. ME e Outros (Processo Administrativo n. 08012.001822/2003-31)*

Em 01.09.2010, o CADE arquivou, por unanimidade, o Processo Administrativo n. 08012.001822/2003-31, instaurado em face das funerárias de Atibaia/SP[107] em decorrência de representação do Ministério Público do Estado de São Paulo, que alegava haver cartel na prestação de serviços funerários supostamente organizado pela Associação das Empresas Funerárias de Atibaia (AFA).

O processo foi instaurado para apurar (i) possível cartelização de cinco empresas associadas à AFA[108] e (ii) limitação da concorrência por meio de um sistema de plantão para o transporte de cadáveres pelas seis funerárias existentes no município[109].

Ao analisar o caso após os órgãos pareceristas terem sugerido o arquivamento do processo, o Conselheiro Olavo Chinaglia, apesar de também concluir pela ausência de infração concorrencial, discutiu outros dois importantes pontos para a aplicação da política antitruste. No primeiro deles, criticou a intervenção no caso em tela, em razão da ausência de expressão econômica[110],

107. Eram representadas: (i) Funerária Atibaia Ltda. ME, (ii) Funerária São Lázaro Ltda. ME, (iii) Funerária Patrocínio – José Carlos Patrocínio ME, (iv) Funerária São José – Flávio Arnoldo Patrocínio Atibaia ME, (v) Funerária Oscar Patrocínio ME e (vi) Funerária San Marco – Napolitano Comércio e Serviços Funerários Ltda. EPP.

108. A saber: Funerária Atibaia Ltda., Funerária São Lázaro Ltda., Funerária Patrocínio – José Carlos Patrocínio ME, Funerária São José – Flávio Arnoldo Patrocínio Atibaia ME e Funerária Oscar Patrocínio ME. A Funerária San Marco – Napolitano Comércio e Serviços Funerários Ltda. EPP. – também Representada, não era associada, embora participasse do esquema de plantão analisado.

109. Em razão da ausência de recursos públicos para o translado de cadáveres envolvidos em ocorrências policiais para o Instituto Médico Legal (IML) por veículos próprios, a autoridade policial local celebrou uma parceria com as funerárias locais para que estas, com seus meios próprios, fizessem tal translado. Nesse esquema, foi elaborada uma escala de plantão em que cada uma das funerárias locais prestaria tal serviço em um dia da semana. Vale notar, tal como apurado na instrução, que o translado do cadáver ao IML não garantia à funerária envolvida a posterior prestação dos serviços funerários em si, podendo a família, nessa situação, escolher livremente qualquer uma entre as empresas que prestem o serviço no município.

110. O Conselheiro destaca que a intervenção antitruste por meio de processos administrativos sancionadores não é recomendável em hipóteses como a presente, em que a expressão econômica dos agentes e do mercado relevante envolvido põe em dúvida a conveniência do dispêndio de capital público *vis-à-vis* o ganho de bem-estar social decorrente dessa intervenção. Destaca o Conselheiro que, "[...] perante tal

concluindo pela não recomendação de abertura de procedimentos administrativos em mercados como esse. Em suas palavras:

> A recomendação para a não abertura de procedimentos antitruste em desfavor de agentes econômicos de pequeno porte decorre, como acima exposto, de uma presunção relativa de inexistência de poder de mercado desses autores, da inexpressividade de eventuais lesões aos valores tutelados pelo diploma concorrencial e, principalmente, da ineficácia da intervenção estatal por meio da instauração de processos administrativos sancionadores (fls. 1.608).

Tal recomendação apenas destacaria a importância da advocacia da concorrência, segundo ponto sobre o qual se debruça. De acordo com o Conselheiro Relator, a forma ótima para se evitar práticas anticompetitivas em mercados como esses seria precisamente a advocacia da concorrência:

> Diante do cenário acima exposto, parece-me claro que os recursos do SBDC certamente seriam mais bem utilizados – quando se trata da atuação econômica de empresas de pequeno porte – se dirigidos à promoção de um ambiente econômico mais competitivo, por meio da análise do arcabouço jurídico e regulatório dos mercados e da promoção de providências junto aos órgãos e instituições competentes, de forma a disseminar uma cultura concorrencial do qual o Brasil é ainda muito carente (fls. 1.608).

E, nesse ponto, criticou a Lei Complementar n. 347/2000, do município de Atibaia, em que a municipalidade determinava que a prestação de serviços funerários no município só se daria mediante delegação da Prefeitura e por empresas instaladas

---

valor, parece-me difícil conceber que as atividades das Representadas sejam de alguma forma relevantes para o direito antitruste nacional e para o sistema de concorrência desenhado pela Lei nº 8.884/94. Isto é, ainda que porventura ficasse evidenciada algum tipo de coordenação entre as Representadas, tenho dúvidas se os efeitos da coordenação entre cinco microempresas em mercado tão diminuto seriam lesivos – de maneira minimamente significativos – aos valores tutelados pelo diploma antitruste" (fls. 1.604-1.605 do referido voto).

na cidade[111]. Esse, segundo o Conselheiro, seria um exemplo de atividade estatal que busca restringir a competição no mercado, gerando transferências artificiais de renda da coletividade para determinados agentes. Em suas palavras:

> O caso em tela demonstra de forma bastante nítida a importância da advocacia da concorrência e os ganhos de bem-estar social que a promoção de um ambiente mais competitivo em diferentes setores da economia e a racionalização das normas fixadas pelo próprio Poder Público podem gerar.
>
> [...]
>
> Apesar das disposições da Lei Complementar jamais terem surtido efeito, uma vez que no mesmo dia da sua promulgação foi ajuizada ação direta de inconstitucionalidade perante o Tribunal de Justiça de São Paulo, que imediatamente suspendeu a vigência da lei, resta claro o propósito anticompetitivo das previsões contidas no referido diploma legal, de forma a privilegiar alguns atores do mercado por meio da diminuição da pressão competitiva, com óbvios prejuízos ao bem-estar social.
>
> A promulgação de medidas legais desse tipo não constitui novidade no processo brasileiro de tomada de decisões públicas, sendo notório que a concorrência é um valor que apenas recentemente vem ganhando maior peso no espaço social. Assim, não é difícil se supor que em outras localidades do país a prestação de serviços funerários, bem como o exercício de diversas atividades econômicas, continue a ter o número de concorrentes expressamente limitado em lei, ou que esteja vinculada a exigências regulatórias esdrúxulas cuja lógica é uma só: restringir a competição no mercado, gerando transferências artificiais de renda da coletividade para determinados agentes (fls. 1.608-1.609).

E, nesse cenário, a advocacia da concorrência ganha especial relevo, sendo mais eficiente do que a persecução administrativa em processos sancionadores, sendo "essencial para o sucesso da

111. Vale notar, como informa o Conselheiro, que as disposições da referida Lei Complementar jamais surtiram efeito, haja vista que a Lei foi alvo de ação direta de inconstitucionalidade no mesmo dia de sua promulgação. O Tribunal de Justiça do Estado de São Paulo suspendeu imediatamente a vigência da Lei.

política antitruste brasileira, revelando-se, em situações como a do presente processo, instrumento mais eficiente para a promoção do bem-estar social do que a persecução administrativa de condutas" (fls. 1.609).

No entanto, a despeito de suas críticas à Lei e à conveniência de sua edição, o CADE determinou o arquivamento do feito sem a determinação de qualquer providência adicional.

6.2 CASOS EM QUE O CADE EXERCEU ADVOCACIA DA CONCORRÊNCIA E FEZ SUGESTÕES GENÉRICAS

Este segundo conjunto de precedentes mostra o exercício da advocacia da concorrência pelo CADE em casos envolvendo mercados regulados. É dizer, ao se deparar com questões regulatórias que causavam, de alguma maneira, impactos à competição e bem-estar do setor, a autoridade antitruste, diante de sua suposta incompetência para saná-las, fez sugestões genéricas ao órgão regulador para tomar as medidas cabíveis para tratar os problemas existentes e promover maior eficiência no mercado.

a. Ato de Concentração ALL/Rumo (AC n. 08700.005719/2014-65)

Em 25.02.2015, o CADE aprovou, com restrições, a incorporação da América Latina Logística S.A. pela Rumo Logística Operadora Multimodal S.A. Por meio da operação notificada, a ALL se tornaria subsidiária integral da Rumo e a Cosan seria promovida à maior acionista da ALL, com poderes para indicar a maioria dos administradores e potencial para preponderar nas deliberações sociais, passando a ser a maior controladora indireta da empresa.

As autoridades reguladoras dos mercados afetados – Agência Nacional de Transportes Terrestres (ANTT) e Agência Nacional de Transportes Aquaviários (ANTAQ) –, ao analisarem a operação, aprovaram-na sem quaisquer restrições.

Por sua vez, o CADE identificou uma série de preocupações concorrenciais, inclusive à partir de denúncias feitas por terceiros interessados, e concluiu que a verticalização promovida com a operação aumentava os riscos para a adoção de comportamentos discriminatórios e abusivos com potencial de fechamento de mercado e elevação de custos de rivais – problemas esses que não seriam sanados, *per se*, pela regulamentação setorial.

Dentre as restrições acordadas entre as partes e o CADE no ACC celebrado, destacam-se:

- o dever de garantir o acesso e a utilização das atividades relacionadas à Operação (conforme definido pelo ACC) de maneira isonômica e não discriminatória, seja na oferta, na contratação e na prestação de (i) serviços de transporte ferroviário, (ii) serviços de transbordo, (iii) serviço de armazenagem e (iv) serviço de elevação portuária. Para tanto, foi criado o cargo de Supervisor, com o intuito de assegurar a isonomia da prestação de serviços pela Rumo;
- o dever da Rumo de apresentar critérios que denotem transparência na oferta, contratação e operação de todas as atividades que impliquem integração vertical de mercados atingidos pela operação;
- o dever da Rumo de ofertar contratos de longo prazo para o transporte de cargas para os usuários que se comprometam com volume de transporte pelo prazo do contrato, incluindo a possibilidade de investimentos;
- a vedação ao repasse de informações concorrencialmente sensíveis. Nesse sentido, ficou proibida a ocupação das mesmas pessoas em cargos da diretoria da Rumo e concomitantemente em empresas de seu grupo econômico;
- a observância de parâmetros objetivos para a precificação dos serviços prestados aos concorrentes; e
- a celebração de contratos que individualizem os serviços logísticos prestados de transporte ferroviário, transbordo e serviços portuários, ficando assegurado ao usuário a con-

tratação de transporte ferroviário, de forma conjunta ou isolada.

De todo modo, apesar de, *a priori*, ter resolvido os problemas específicos causados pela operação, abordando, portanto, o nexo de causalidade entre o ato de concentração e possíveis prejuízos à livre concorrência, o CADE também entendeu que medidas regulatórias deveriam ser tomadas para que os mercados afetados pudessem funcionar de maneira eficiente. Sendo assim, ainda que sem identificar medidas específicas a serem tomadas, referenciou os problemas aos órgãos reguladores para que estes tomassem as providências cabíveis.

Com efeito, assim discorreu o Conselheiro Relator Gilvandro Vasconcelos:

> 452. Sem prejuízo da presente decisão, **entendo pela necessidade de que a ANTT, em consonância com sua decisão de aprovação da operação de verticalização ora analisada, garanta a eficácia no controle e repressão a condutas anticompetitivas**. Entendo que, no que toca à atuação da agência atualmente, **há muita normatividade e pouca efetividade. Muitas das medidas ora encaminhadas se devem à constatação de que as competências e normas da agência reguladora não disciplinam de forma satisfatória os interesses econômicos e sociais envolvidos.**
>
> 453. No mesmo sentido, e diante de futura nova rodada de licitações nos terminais do Porto de Santos, **concluo pela necessidade de que a ANTAQ leve em consideração cenários de verticalização como o ora analisado e tenha atuação robusta no sentido de garantir o acesso de *players* que concorram com os detentores dos terminais nos mercados integrados, bem como o tratamento isonômico e não discriminatório a esses agentes.**
>
> 454. Nesse sentido, **insisto na necessidade de que as agências reguladoras dos mercados afetados pela operação confiram efetividade a todo o arcabouço normativo dos setores envolvidos.**
>
> 455. Ademais, esta Autarquia não se furtará de observar os desvios de conduta perpetrados por agentes econômicos. O seu primeiro crivo será verificar se a demanda tem pertinência, ou se não se busca o instrumento público para obtenção de benefício privado. Mas, **conforme já explicitado pelo ex-Conselheiro do CADE Ricardo Cue-**

va, por ocasião do julgamento do PA nº 08012.007443/1999-17, "[c]erto é que ao CADE não é dado o poder de revisão dos dispositivos emanados pelo poder regulador, mormente quando tais dispositivos dizem respeito à regulação técnica e econômica de determinado setor. Não é o CADE um 'revisor' de políticas públicas, porque, em agindo assim, estaria atentando contra os postulados básicos da legalidade e de toda a doutrina que informa a atividade dos órgãos reguladores. Entretanto, deparando-se com situações que possam configurar infração à ordem econômica, é dever das autoridades antitruste investigar e julgar tais condutas, nos estritos termos da Lei nº 8.884/94, de resto em perfeita harmonia com o arcabouço jurídico-institucional vigente"[112].

[...]

457. Além disso, **determino o envio de cópia da presente decisão e do referido Acordo à Agência Nacional de Transportes Terrestres – ANTT e para a Agência Nacional de Transportes Aquaviários – ANTAQ, para ciência e tomada de providências** (grifos nossos).

b. *Ato de Concentração TAM/LAN (Processo Administrativo n. 08012.009497/2010-84)*

Outro caso digno de nota em que o CADE exerceu advocacia da concorrência foi a associação entre os negócios do Grupo TAM e do Grupo LAN, por meio da qual se criou a LATAM Airlines Group S.A., aprovado com restrições em 14.12.2011.

112. Trata-se de processo instaurado para apurar a licitude da cobrança, pelos terminais alfandegados na região da área de influência do porto de Santos, de preço ou tarifa para liberação de contêineres, conhecida como THC2. De acordo com despacho da SDE, haveria suficientes indícios de infração à ordem econômica por práticas tais como: (i) limitar o acesso de novas empresas ao mercado, (ii) criar dificuldades ao funcionamento de empresas concorrentes, (iii) regular mercados por meio de acordos para limitar ou controlar a prestação de serviços e (iv) impor preços excessivos. O CADE concluiu pela ilicitude da prática, determinando sua cessação e pagamento de multa pelas empresas representadas, nos termos do voto do Conselheiro Relator Luiz Carlos Delorme Prado.

Antes de analisar os aspectos concorrenciais advindos da operação, o CADE avaliou o histórico da regulação no setor, considerando que, no transporte internacional de passageiros em especial, "a tradicional estrutura de regulamentação da indústria de aviação constrangeu de forma significativa a atuação das companhias aéreas, limitando o acesso de entrantes ao mercado e restringindo a concorrência no setor" (fl. 743). Com o passar dos anos, a indústria foi objeto de um processo de liberalização, com redução progressiva da intervenção estatal, permitindo o desenvolvimento e a criação de novos modelos de negócios. Destacou-se, por exemplo, a instituição de uma política de liberdade tarifária no Brasil a partir de 2009, o que possibilitou incremento significativo da competição desde então.

Nesse sentido, constatou-se, inicialmente, que a operação enquadrava-se em um contexto generalizado de consolidação e internacionalização, seguindo tendência de busca por ganhos de escala e de eficiência.

Ao avaliar os mercados relevantes afetados, o Conselheiro Relator Olavo Chinaglia concluiu haver elevada concentração e alta probabilidade de exercício de poder de mercado na rota São Paulo – Santiago – São Paulo, decorrente, sobretudo, da escassez de infraestrutura aeroportuária e da baixa possibilidade de contestação por outros *players*.

Dessa forma, entendeu-se necessário "permitir a entrada exitosa de uma companhia aérea na rota São Paulo – Santiago – São Paulo, e não apenas diminuir a dominância de uma empresa em um aeroporto [*in casu*, o Aeroporto Internacional de Guarulhos]", razão pela qual se propôs que, "ao invés de devolverem *slots* à agência reguladora, devem elas disponibilizar a outras empresas *slots* em horários complementares interessantes para a criação de novas frequências nas referidas rotas". A disponibilização de *slots* deveria seguir uma série de diretrizes para fazer com que a entrada de um novo agente fosse tempestiva, atrativa e suficiente.

Mas, além disso, o CADE determinou "a remessa à Agência Nacional de Aviação Civil (ANAC) do presente voto e da decisão proferida pelo órgão chileno de defesa da concorrência, para que a agência avalie os possíveis impactos da decisão chilena sobre o bem-estar do consumidor brasileiro, adotando, se assim entender necessário, as providências cabíveis" (fls. 807 e 808).

A preocupação com os impactos que a decisão chilena poderia ter sobre o mercado brasileiro foi levantada pela Procuradoria do CADE (ProCADE), que se manifestou no seguinte sentido:

> 40. Em outra vertente, necessário se faz mencionar que **a decisão proferida pelo órgão de defesa da concorrência Chileno, Tribunal de Defensa de La Libre Competencia, da forma em que foi proposta deve ser analisada para evitar prejuízos ao consumidor brasileiro, além de tencionar sobre a competência da ANAC.**
>
> 41. Explica-se: é que a **decisão chilena determinou que as interessadas efetuassem a troca de um número específico de *slots* com companhias que queiram iniciar ou incrementar serviços de transporte aéreo de passageiros na rota Santiago/São Paulo. Ora, a rota Santiago/São Paulo não é a única que apresentou baixa competitividade nos últimos anos, conforme parecer da SEAE, de forma que o consumidor brasileiro deve ter suas necessidades atendidas na sua integralidade.**
>
> 42. Ademais, **cabe à ANAC regular a distribuição de *slots*, o que faz crer que os horários de pouso e decolagem não devem ser permutados e vinculados a uma rota específica, e sim devolvidos à autarquia reguladora, para que esta os aloque de forma mais eficaz e paritária** (fls. 717-718 – grifos nossos).

Assim, reconhecendo não ter competência para tratar dos possíveis problemas criados pela decisão de autoridade antitruste estrangeira, o CADE recomendou que a ANAC, levando em consideração todos os aspectos levantados em sua decisão e a dinâmica concorrencial do mercado, avaliasse a situação e adotasse possíveis medidas cabíveis para evitar a geração de problemas para os consumidores brasileiros.

c. *Processo Administrativo Coopertaxi de Uberaba (Processo Administrativo n. 08012.011381/2008-91)*

Em 2012, por decorrência de denúncia feita por um consumidor, foi instaurado processo administrativo em face da Sociedade Cooperativa Rádio Táxi de Uberaba – COOPERTAXI – para investigar cobrança de preço único tabelado por serviços de táxi no Município de Uberaba/MG.

De acordo com a denúncia, taxistas no Município de Uberaba não utilizavam o taxímetro em determinadas corridas, cobrando preço único pelo serviço – a não ser por viagens mais longas.

Conforme constatado ao longo do processo, apesar de a COOPERTAXI ter sido a primeira a incorrer na prática, todos ou quase todos os taxistas da cidade efetivamente cobravam o preço único. A conduta, aliás, era levada a cabo mesmo diante de regulamentação expressa do Município que a proibia.

Em 06.08.2014, o Conselheiro Relator Eduardo Pontual entendeu pela configuração de ilícito antitruste, uma vez que a conduta da COOPERTAXI (que detinha 27% do mercado relevante de táxis em Uberaba e, portanto, gozava de poder econômico nos termos da legislação) poderia ter levado a um padrão seguido pelas demais empresas. No entanto, a maioria do Plenário do CADE, nos termos do voto-vista do Conselheiro Gilvandro Vasconcelos, discordou de tal posicionamento, entendendo, do contrário, não haver qualquer indício de prática concertada anticoncorrencial (no máximo mero paralelismo de preços), não havendo também abusividade no preço cobrado (que por vezes era, de fato, menor do que se o taxímetro fosse utilizado).

De todo modo, o que importa para os fins da presente obra é o exercício da advocacia da concorrência pelo CADE, ponto em que os Conselheiros Eduardo Pontual e Gilvandro Vasconcelos não divergiram. Com efeito, ambos fizeram recomendações ao órgão regulador – no caso, a Prefeitura de Uberaba – visando ao aprimoramento da regulação vigente e à coibição de condutas com potencial de prejudicar os consumidores. *In verbis*:

33. Nesse sentido, para deixar extreme de dúvidas de que os preços fixos não são abusivos, a regulação poderia permitir explicitamente a sua utilização, mas realçando a necessidade de utilizar o taxímetro, para que o consumidor possa fazer a opção. O preço fixo seria facilmente confrontado com o preço do taxímetro, trazendo o mesmo conforto para o consumidor que desconto percentual dos táxis de Brasília, bem apresentado pelo Conselheiro Eduardo Pontual.

34. Nesse sentido, acompanho a posição do Conselheiro Eduardo Pontual de determinar que os autos sejam encaminhados para a Prefeitura do Município de Uberaba e ao Ministério Público do Estado de Minas Gerais no Município de Uberaba a fim de que tomem ciência da decisão deste Conselho e de suas considerações, visando a auxiliar na aprimoração da regulação vigente (voto do Conselheiro Gilvandro Vasconcelos, fl. 255).

6.3 CASOS EM QUE O CADE EXERCEU ADVOCACIA DA CONCORRÊNCIA COM RECOMENDAÇÕES ESPECÍFICAS AOS ÓRGÃOS REGULADORES

Por fim, o último conjunto de casos estudado evidencia um maior grau de advocacia da concorrência por parte do CADE, com a real identificação de problemas de ordem concorrencial e a sugestão de medidas específicas para remediá-los.

a. Ato de Concentração Cosanpar Participações S.A. e Shell Brasil Ltda. (Ato de Concentração n. 08012.004341/2009-73)

Trata-se da operação de aquisição, pela Shell, das ações da Jacta Participações S.A. (subsidiária da Cosan, responsável pelo negócio de suprimento de combustíveis de aviação), aprovada com restrições em 09.02.2011.

Em sua análise, o CADE avaliou os impactos competitivos no mercado de distribuição de combustível JET (combustível desenvolvido para aeronaves com motor a jato) dentro de aeroportos, constatando (i) que a operação resultaria na combinação entre o segundo e o terceiro maiores *players* e (ii) a existência de significativas falhas de mercado no setor.

A questão da advocacia da concorrência foi então colocada sob dois diferentes ângulos: (i) o papel do CADE na tarefa de alocação de espaços aeroportuários, uma vez que Agência Nacional de Aviação Civil (ANAC) e a Infraero parecem mais bem aparelhadas institucionalmente para a destinação de espaços em áreas aeroportuárias; e (ii) a sugestão de regulação quanto à parte da infraestrutura aeroportuária, de forma a melhor promover a competição na prestação do serviço.

A primeira das problemáticas não foi unânime no CADE.

Considerando que as áreas em aeroportos necessárias à atuação nesse mercado sofrem influxos regulatórios da Infraero e da ANAC, a competência do CADE para dispor desses ativos foi alvo de controvérsias. Em sua proposta original, a Procuradoria do CADE opinou no sentido de que o CADE devia **determinar** à Infraero que permitisse a utilização das áreas antes utilizadas pela Cosan, de forma que terceiros lá se instalassem e oferecessem pressão competitiva à empresa fusionada. *In verbis*:

> [...] deve o CADE, a critério do i. Conselheiro Relator, determinar que, sob fiscalização da ANAC, a Infraero permita a utilização das antigas áreas da Esso nos aeroportos de Brasília, Viracopos, Afonso Pena e Pampulha, por terceiro autorizado pela ANP e que não atue nestes mercados ainda, fomentando a competição e cumprindo o dever de dar destinação às áreas aeroportuárias ociosas, sobretudo tendo em vista que estas áreas já possuem destinação específica, qual seja, a instalação de PAA's [Posto de Abastecimento de Aeronave – PAA] (fl. 577 dos autos).

Tal sugestão, contudo, não foi acatada pelo Conselheiro Relator César Costa Alves de Mattos, para quem o CADE não estaria em posição de determinar "qualquer coisa" à Infraero, órgão mais bem aparelhado institucionalmente para dispor sobre a alocação de espaços aeroportuários. Sendo assim, apenas **sugeriu** o envio à Infraero com tais questões. Em suas palavras:

> Pelas razões já declinadas no decorrer deste voto, considero que: (i) a primeira medida sugerida pela ProCADE é adequada em sua intenção (redistribuir áreas ociosas para novos entrantes), **porém não caberia ao CADE determinar qualquer coisa à Infraero, tendo em vista que**

> **o administrador aeroportuário é o agente com melhor posição institucional para definir destinação de áreas considerando não apenas aspectos concorrenciais, mas também requisitos regulatórios estabelecidos pela ANAC, ANP, normas ambientais e de segurança, e as diversas demandas por áreas para prestar os diversos serviços envolvidos na atividade de aviação – que não se restringem à distribuição de combustíveis**; (ii) esse entendimento não impede que o CADE faça **recomendações à Infraero e ANAC no sentido de indicar qual seria o procedimento desejável, do ponto de vista concorrencial.**
>
> [...]
>
> Nesse sentido, reforço as recomendações feitas à Infraero e à ANAC em sessões anteriores deste voto, especialmente em relação (i) à destinação das áreas em aeroportos anteriormente detidas pela Cosan, que estejam subutilizadas, a outro competidor que não a Shell e a BR, de maneira a possibilitar a entrada de novo(s) concorrente(s) nos aeroportos afetados pela operação [...] (fls. 693 a 695 – grifos nossos).

Tal entendimento, no entanto, foi vencido pela maioria do Plenário do CADE. Em voto-vista, o Conselheiro Fernando de Magalhães Furlan considerou que, se dependesse de novas licitações a serem realizadas pela Infraero, a entrada de um novo agente no mercado podia não ser efetiva ou tempestiva. Sendo assim, abriu divergência e determinou a alienação dos ativos tangíveis envolvidos na operação, garantindo que o adquirente dos ativos tangíveis da Cosan pudesse operar nos espaços aeroportuários outrora operados por ela:

> 45. Uma possibilidade, levantada inclusive no voto do conselheiro-relator, seria a de devolver as áreas antes ocupadas pela Cosan à Infraero para que essa empresa licitasse essas áreas para novos entrantes. **No entanto, tal solução poderia não ser tempestiva ou efetiva. Os trâmites de desocupação e posterior licitação das áreas dependem de cada administrador aeroportuário e podem levar mais tempo do que seria desejável para restabelecer o ambiente competitivo anterior à operação.**
>
> 46. Além disso, disponibilizar todas as áreas para uma única empresa permite a redução de barreiras à entrada tanto regulatórias quanto econômicas, visto que possibilita que uma mesma empresa entre simultaneamente nos principais mercados do país. Como relatado

pela BR e já mencionado nesse voto, a atuação em vários aeroportos, especialmente nos principais, é essencial para a entrada de uma empresa no setor.

47. Dessa forma, a maneira mais efetiva de possibilitar a entrada de uma nova empresa no setor é a venda dos ativos tangíveis da Jacta. Como já mencionado pela requerente, a aquisição desses ativos foi apenas uma consequência secundária da operação. A venda de ativos intangíveis, como a carteira de clientes, não é necessária para permitir a entrada de uma nova empresa e, portanto, podem permanecer com a requerente.

48. A requerente, ao longo do processo, manifestou preocupação em relação à entrada de nova empresa, principalmente nos *pools*, por questões de qualidade e segurança. Tais preocupações são aqui afastadas pelo fato de que qualquer empresa que compre os ativos físicos da Jacta e passe a operar nos aeroportos envolvidos na operação deve, obviamente, observar todos os regulamentos da ANP, ANAC e Infraero concernentes à atividade de abastecimento de aeronaves; bem como regras de segurança, já existentes, estipuladas nos contratos entre os operadores do *pool* e regras estabelecidas em âmbito internacional por empresas do setor, cuja observância é exigida pelas companhias aéreas. Destaque-se ainda a existência de outras empresas devidamente autorizadas pelo ente regulador para tanto que não somente a BR e a Shell.

49. Pelo exposto, voto no sentido de determinar a venda de todos os ativos físicos da Jacta Participações S.A. a uma única empresa, habilitada e devidamente autorizada pelo ente regulador a desempenhar as atividades de comercialização de JET e abastecimento de aeronaves, determinando, também, à Shell (i) a transferência, ao comprador dos ativos, dos direitos de participação então detidos pela Cosan nos PAAs operados em *pool* nos aeroportos do Galeão, Guarulhos e Guararapes, assim como (ii) a transferência, ao comprador dos ativos, dos direitos sobre as áreas dos PAAs anteriormente detidos pela Cosan nos aeroportos de Pampulha, Brasília, Campinas e Curitiba.

[...]

52. Determino, ainda, o envio de cópia deste voto à Infraero, à ANAC e à ANP (fls. 709-800 – grifos nossos).

Após o julgamento, as requerentes apresentaram petição argumentando que os ativos tangíveis tinham sido alienados à Air BP Brasil Ltda. (a operação de alienação foi analisada pelo CADE no ato de concentração n. 08012.012062/2011-06, aprovado sem restrições em 14.03.2012).

Com relação às falhas de mercado vislumbradas, ainda que tal questão não fosse diretamente relacionada à operação pretendida, o CADE destacou como a rede de hidrantes (modal de transporte do combustível do Posto de Abastecimento de Aeronave [PAA] à aeronave, mais eficiente se comparado ao caminhão-tanque, sua única alternativa) é um bem limitado e que confere vantagem competitiva a seu detentor, razão que poderia justificar a existência de regulação.

Assim, destacou-se como a regulação poderia resultar em um *arranjo superior em termos de concorrência*. De acordo com o Conselheiro Relator:

> 123. Assim, considero que a rede de hidrantes, apesar de possibilitar atuação mais eficiente no abastecimento de grandes aeronaves, não é essencial à entrada no mercado de distribuição de combustíveis de aviação. Ademais, a dificuldade de acesso a essa rede por competidores independentes do *pool* não tem nexo causal com a presente operação: é verdade que o número de concorrentes com acesso ao sistema diminuiu de 3 para 2, mas tanto antes quanto depois da operação, o acesso de outros concorrentes a essa infraestrutura é limitado ao número de empresas que opera no *pool*, restringindo a atuação de outros *players* aos CTAs. **Não obstante, acredito que uma regulação de acesso ao sistema por outros concorrentes, com a adequada remuneração dos controladores da rede, poderia resultar em arranjo superior em termos de concorrência, devendo ser considerado pelos entes reguladores** (fls. 689-690 – grifos nossos).

Em razão disso, determinou o envio do voto à Infraero e à ANAC, esboçando, inclusive, linhas gerais que deveriam orientar uma futura e eventual intervenção regulatória:

> 140. [...] (iii) é fortemente desejável que a ANAC, ouvidos os demais atores envolvidos, estude a possibilidade de promover uma regulação

> de acesso à infraestrutura de hidrantes, de maneira a possibilitar o acesso mais competitivo de outros competidores especialmente no abastecimento a grandes aeronaves, mediante pagamento de contrapartida aos agentes econômicos que investiram naquela infraestrutura.
>
> [...]
>
> 142. Nesse sentido, reforço as recomendações feitas à Infraero e à ANAC em sessões anteriores deste voto, especialmente em relação [...] (ii) à possibilidade de instituir-se regulação de acesso às redes de hidrantes, por meio de pagamento de preço regulado pela administração pública, de forma a respeitar o investimento realizado pelos controladores da infraestrutura e possibilitar o acesso mais competitivo de outros competidores especialmente no abastecimento a grandes aeronaves. Além de preço de acesso regulado, é fundamental um aprofundamento da regulação técnica *ex-ante* (no momento da determinação de a quem deve ser dado acesso) e *ex-post* (na fiscalização da segurança das atividades em um contexto em que pode emergir um típico problema de "comuns") [...] (fls. 693-695).

Percebe-se, pois, efetivo exercício da atividade de advocacia da concorrência pelo CADE, tendo a autoridade identificado problemas que não eram causados especificamente pelo caso analisado (e, portanto, sem nexo de causalidade com a operação notificada), e, consequentemente, feito recomendações para que os competentes órgãos reguladores adotassem medidas para promoção e incremento da livre concorrência.

b. Ato de Concentração Oi e Brasil Telecom (Ato de Concentração n. 08012.005789/2008-23 e 53500.012477/2008)

É também possível dizer que o CADE exerceu efetiva advocacia da concorrência quando analisou a operação de aquisição do controle indireto do Grupo Brasil Telecom pela Oi (Grupo Telemar).

A operação foi submetida à ANATEL e ao CADE em maio de 2008, ainda de forma condicionada à alteração do Plano Geral de Outorgas do Serviço de Telecomunicações prestado no regime público (PGO), aprovado pelo Decreto n. 2.534, de 02.04.1998, tendo em vista a existência de restrição ao controle, por um mesmo grupo, de concessões do STFC em regiões distintas (a Telemar Norte Leste S/A e a Brasil Telecom S/A são as concessionárias do STFC nas Regiões I e II do PGO, respectivamente)[113].

Em 10.12.2008, com o objetivo de preservar inalteradas as condições de mercado e evitar eventuais alterações irreversíveis até o julgamento da operação pela autoridade concorrencial, as Requerentes e o CADE celebraram Acordo de Preservação da Reversibilidade da Operação (APRO), comprometendo-se a assegurar a reversibilidade da operação por meio de uma série de medidas.

A análise da operação sob a ótica dos serviços de telecomunicações foi conduzida pela ANATEL, que, em sede de anuência prévia, fixou diversos condicionamentos, relacionados, por exemplo: (i) à modernização e expansão da rede de fibra ótica nacional; (ii) à expansão da oferta comercial de Banda Larga; (iii) ao estímulo ao uso do acesso comutado à internet; (iv) ao emprego de telecomunicações para fins de segurança nacional; (v) a investimento em pesquisa e desenvolvimento; (vi) ao acompanhamento do movimento de internacionalização; (vii) à competição e ao relacionamento com outras prestadoras de serviços de telecomunicações (ofertas de atacado, especialmente EILD); (viii) à manutenção de postos de trabalho; (ix) ao encerramento de litígios judiciais e administrativos.

Ao analisar o caso, o CADE identificou uma série de deficiências nos mercados afetados, atribuindo diversas delas a uma política regulatória que chamou de *atrasada*. Conforme indicado no voto do Conselheiro Relator Vinicius Marques de Carvalho:

> Aliás, em face do atual tratamento do mercado do atacado, é possível verificar que o Brasil encontra-se atrasado não apenas no que diz respeito à regulação, mas, também, temos uma distorção na política

113. Com a publicação do Decreto n. 6.654, em 20 de novembro de 2008, que aprovou o novo PGO, foi eliminada a vedação de aquisição do controle societário de empresa concessionária do STFC, atuante em determinada Região, por outra concessionária do mesmo serviço em Região distinta.

> de preços das telecomunicações, em especial, no que tange à banda larga. [...]
>
> Alega-se que o elevado preço da internet no Brasil é explicado, justamente, pela falta de regulação apropriada no atacado e os problemas mencionados no âmbito do relacionamento vertical entre varejo e atacado (fls. 3.372-3.373).

De todo modo, em 2010 o CADE decidiu aprovar a operação mediante a assinatura de Termo de Compromisso de Desempenho (TCD). Nos termos do Voto do Conselheiro Relator, a operação acarretaria incremento do incentivo a discriminar, sendo necessária a imposição de remédios comportamentais, sobretudo em virtude da insuficiência da regulamentação setorial para afastar os incentivos econômicos à adoção de condutas anticompetitivas. De acordo com o Conselheiro Relator:

> Feitos todos os comentários acima, foi possível avaliar que há muitas nuances no que diz respeito à hierarquia da rede, à possível assimetria criada com a operação, aos indícios de discriminação existentes pós-operação, ao poder de barganha adquirido, à teoria do *footprint* e a outras questões dinâmicas associadas a esta operação. Por este espectro de problemas verticais, há grande probabilidade de que esteja correta a afirmação de que houve incremento do incentivo a discriminar (fl. 2.822).

As restrições previstas no TCD abrangeram mercados de atacado, mais especificamente o de Exploração Industrial de Linhas Dedicadas (EILD) e de Interconexão, constituindo-se, em síntese, na:

- criação de uma gerência específica, responsável exclusivamente pela oferta de serviços de EILD, interconexão e demais ofertas do atacado;
- utilização de procedimentos predeterminados (mantidos confidenciais) para atendimento das demandas de EILD e Interconexão, comprometendo-se as Requerentes a informar ao CADE qualquer alteração nesse procedimento, alteração essa que deverá continuar tutelando o princípio

da transparência e, sempre que solicitado pelo CADE, vir acompanhada de um Laudo de Conformidade dos procedimentos alterados, emitido por empresa especializada independente;

- manutenção de canal de comunicação com as empresas demandantes, de fácil acesso e compatível com as práticas e tecnologias disponíveis no mercado, informando aos demandantes especialmente (i) o prazo estimado para o atendimento do pedido; (ii) o setor e a fase em que se encontra tal pedido; (iii) o valor cobrado para o atendimento da demanda, quando se tratar de EILD Especial; (iv) na hipótese de ter sido atendida a demanda, a data em que o serviço foi prestado e (v) caso haja eventual recusa ou impossibilidade técnica ou legal na prestação, apresentar justificação resumida; (vi) identificação pessoal do gerente responsável pelo processamento da demanda; e (vii) *status* na fila de pedidos da empresa demandada;
- apresentação ao CADE, mensalmente, de informações sobre (i) demanda de EILD e interconexão, (ii) prazos médios e percentual de atendimento dos pedidos e (iii) *status* da fila dos atendimentos;
- prestação de informações individualizadas ao CADE por demandante, quando assim solicitado, e encaminhamento ao demandante, mensalmente e sempre que solicitado, de informações sobre o prazo médio de atendimento da infraestrutura objeto do pedido.

Com relação às questões regulatórias, é possível distinguir duas ordens de discussões. Em primeiro lugar, além de criticar a regulamentação da ANATEL, o CADE destacou as medidas que entendia adequadas para o aperfeiçoamento do marco regulatório, sobretudo no que se refere ao Plano Nacional de Banda Larga:

> Nota-se, também, que, no curto prazo, espera-se que a Anatel cumpra suas diretrizes regulatórias relativas ao Plano Nacional de Banda Larga relativas a:

i. Estimular a competição na oferta do serviço banda larga, mediante redução das barreiras de entrada a novos prestadores de serviço. Neste sentido, a revisão dos Regulamentos de Remuneração de Redes, do Regulamento de Compartilhamento de Infraestrutura, do Regulamento de Interconexão, bem como a Regulamentação de Poder de Mercado Significativo, podem ser utilizadas em conjunto para criar assimetrias regulatórias que propiciem condições mais favoráveis a entrada de novos atores nesse mercado.

ii. Reforçar a aplicação dos instrumentos que impedem a prática de venda casada entre o serviço banda larga e outros serviços de telecomunicações, por meio de ação integrada entre MC, ANATEL e órgãos de defesa da concorrência e de defesa dos consumidores.

iii. Dar prioridade à regulamentação sobre neutralidade de redes e qualidade do serviço banda larga, acelerando a especificação de regulamentação que promova a transparência nas informações e a qualidade do serviço banda larga.

iv. Eliminar a limitação ao número de outorgas expedidas para a prestação de serviço de TV a Cabo (fl. 3.396).

Em segundo lugar, tendo em vista a importância do setor, o CADE chegou a sugerir a busca por um melhor diálogo entre o SBDC e a ANATEL, "para que se viabilize, no futuro, a realização de estudos técnicos e empíricos de forma a subsidiar análises mais precisas de mercado no setor de telecomunicações, diante da tendência de convergência e de formação de grandes grupos econômicos com atuação nacional" (fl. 3.400).

c. *Representação com Pedido de Medida – Embratel X Telesp (Processo Administrativo n. 53500.005770/2002)*

Trata-se de precedente interessante em que o CADE, após ter sido provocado a se manifestar a respeito de determinadas regras aplicáveis em mercado regulado, identificou possíveis distorções competitivas, diante das quais decidiu recomendar ao respectivo órgão regulador – no caso, a ANATEL – a revisão/reavaliação da regulamentação setorial.

A discussão teve início em setembro de 2002, a partir de Representação com pedido de Medida Preventiva apresentada pela Embratel (Empresa Brasileira de Telecomunicações S/A) em face da Telesp (Telecomunicações de São Paulo S/A), junto à ANATEL e ao CADE, em razão de suposta infração à ordem econômica consubstanciada em discriminação mediante fixação de preços diferenciados para o provimento de acessos locais por meio da Exploração Industrial de Linhas Dedicadas (EILD Local).

De acordo com a Embratel, no referido mercado de provimento de acessos locais, a Telesp estaria cobrando de seus competidores preços superiores aos cobrados de sua própria subsidiária, a Telefônica Empresas. Como exemplo da conduta, a Embratel apresentou os preços praticados pela Representada no âmbito de processo de licitação realizado pela Prodam (Companhia de Processamento de Dados do Município de São Paulo), em agosto de 2002 (Pregão n. 06.002/02).

Em fevereiro de 2003, o Conselheiro Relator Cleveland Prates Teixeira concedeu Medida Preventiva pleiteada pela Embratel, determinando (i) que os preços praticados pela Telesp pelo provimento de EILD Local fossem iguais tanto para as operadoras concorrentes como para a sua subsidiária Telefônica Empresas; (ii) fossem explicitados, nos contratos estabelecidos entre a Telefônica Empresas e terceiros, os preços de acesso local; e (iii) fossem encaminhados ao CADE todos os contratos celebrados entre a Telesp e terceiros, inclusive sua subsidiária Telefônica Empresas, para o provimento de EILD Local.

À época da referida decisão, o provimento de EILD era regulado pela ANATEL por meio da Norma n. 30/96, que, de um lado, fixava preços máximos a serem praticados pelas operadoras no provimento do acesso, de acordo com a tecnologia e velocidades de transmissão, e, de outro, estabelecia a liberdade de negociação desses preços, possibilitando a concessão de descontos, de forma não discriminatória, nos seguintes termos:

> É facultado às Entidades Fornecedoras, na forma da regulamentação em vigor, ofertarem, de forma não discriminatória, vedada a redução subjetiva de tarifas, valores inferiores àqueles efetivamente praticados,

com base em critérios preestabelecidos e condições objetivas para a sua aplicação.

A esse respeito, o Conselheiro Relator Cleveland Prates Teixeira esclareceu que, muito embora "a diferença entre o custo dos serviços de acesso para a empresa detentora da rede local e o preço máximo estabelecido pela Anatel abriria por si só uma margem de manobra para que essa firma discriminasse preços em favor de sua subsidiária, prejudicando as concorrentes e, em casos extremos, até excluindo-as do mercado", a existência de possíveis condutas anticompetitivas discriminatórias "não decorre de falha da regulação, mas sim do abuso de um suposto poder dominante de uma firma que explora sua vantagem no mercado de origem para estender seu poder sobre o mercado alvo" (Voto do Conselheiro Cleveland Prates Teixeira, fl. 2.196).

Nesse sentido, analisando pedido formulado pela Embratel, no sentido de que o preço de acesso local cobrado pela Telesp de suas empresas verticalizadas não poderia ser inferior àquele cobrado a suas concorrentes no mercado à jusante, o Conselheiro Relator destacou que "a opção apenas pela isonomia, conforme sugerida pela Embratel, pode fazer com que o fornecimento dos serviços de EILD de baixa velocidade ocorra pelo preço teto ou por um preço mais alto do que aquele que seria possível dentro de um contexto de discriminação de preços (ou de descontos) eficiente" (fls. 2.223-2.224), com prejuízos para o consumidor final.

Em fevereiro de 2006, o CADE homologou Termos de Compromisso de Cessação (TCCs) celebrados entre a Telesp e a ANATEL, que tinham por objeto a cessação da conduta de discriminação de preços no mercado de provimento de acesso local a usuários que demandam serviços de comunicação de dados com velocidades de até 2 Mbps. Em síntese, o objetivo dos TCCs era o de regular a formação dos preços ofertados pela Telesp para o provimento de EILD Local, o que incluía a possibilidade de concessão de descontos, desde que aplicados de forma não discriminatória (Cláusula 4ª).

Naquele momento, já havia sido editado pela ANATEL o Regulamento de EILD, aprovado pela Resolução n. 402, de 27 de abril de 2005, por meio do qual foram estabelecidos condicionamentos e procedimentos para o provimento de EILD, definidas condições específicas para Grupos detentores de Poder de Mercado Significativo (PMS) e determinada a proibição para que tais grupos concedessem descontos em função do volume de linhas dedicadas contratado, do prazo de contratação e do valor total do contrato.

Posteriormente, em junho de 2006, por meio da Resolução n. 437/2006, a ANATEL designou os Grupos detentores de PMS na oferta de EILD, entre eles o Grupo Telesp em determinada região geográfica.

Diante disso, o CADE foi provocado pela Telesp a se manifestar sobre um possível conflito entre os TCCs, que possibilitavam a concessão de descontos de forma não discriminatória, e a regulamentação editada pela ANATEL, que vedava a concessão de descontos pela Telesp, enquanto pertencente a Grupo detentor de PMS, em função do volume de linhas dedicadas contratado, do prazo de contratação e do valor total do contrato.

Nos termos do Despacho proferido pela Presidente Elizabeth Farina, em dezembro de 2006, o CADE entendeu que não havia conflito entre os TCCs e as Resoluções editadas pela ANATEL, na medida em que estas "atacam uma condição anterior que não é objeto, nem obrigação estabelecida pelo TCC, que é a própria prática de descontos" (Despacho da Presidência n. 175/2006, fl. 3.736).

Nada obstante, tendo em vista a proibição estabelecida pela regulamentação da ANATEL à concessão de descontos em função de volume, prazo ou valor na oferta de EILD Local, a Presidente do CADE destacou que, "embora a Resolução 402 tenha como objetivo precípuo adotar regras que evitem *ex ante* o abuso de poder de mercado, que poderia ser punido *ex-post* pelo CADE, da forma como foi aplicado pela Resolução 437 pode arrefecer a concorrência ao invés de preservá-la" (fl. 3.736).

Isso porque, ainda que, ao atribuir à Telesp a condição de PMS, a ANATEL tenha buscado evitar conduta discriminatória a um baixo custo de monitoramento, não seria possível deixar de considerar, no entendimento do CADE, a perda de benefícios ao consumidor decorrentes da concorrência com base na concessão de descontos. De acordo com referido despacho, "na medida em que o enquadramento de um agente econômico como detentor de PMS gera a proibição de que o mesmo possa conceder descontos nos serviços que oferta, tal proibição pode gerar uma distorção competitiva" (fl. 3.738).

Neste caso, portanto, assumindo o papel de advogado da concorrência, o CADE se posicionou formalmente, enviando à ANATEL

> recomendação de que seja revista a aplicação dos critérios utilizados quando do enquadramento das concessionárias de serviços de telecomunicações como detentoras de PMS, e ainda, que seja reavaliada a proibição da concessão de descontos, na medida em que tal restrição se de um lado afasta a possibilidade de uma conduta de discriminação de preços, de outro, pode gerar o efeito de reduzir a pressão competitiva entre os agentes ofertantes de determinados serviços, em áreas onde há concorrência do lado da oferta (fl. 3.737).

d. *Ato de Concentração Odebrecht/DP World (AC n. 08012.007452/2009-31)*

Ao analisar a aquisição, pelos Grupos Dubai World e Odebrecht, de ações representativas, direta ou indiretamente, de 51,40% do capital social total e votante da Embraport – Empresa Brasileira de Terminais Portuários S.A., o CADE concluiu ser o caso bastante simples, não resultando em quaisquer preocupações de cunho concorrencial.

Com efeito, a operação representava a entrada dos Grupos Dubai World e Odebrecht no capital social da Embraport, não resultando em concentração horizontal ou integração vertical significativa.

No entanto, a Associação Brasileira dos Terminais de Contêineres de Uso Público (ABRATEC) contestou a operação, alegando que falhas regulatórias existentes no setor portuário poderiam causar impactos anticompetitivos. Mais especificamente, a ABRATEC chamou a atenção do CADE para fortes assimetrias de custos entre terminais públicos e privativos, sendo certo que, de acordo com a associação, o Grupo Dubai poderia aproveitar-se de tais assimetrias para adotar estratégias anticompetitivas.

Quando do julgamento, em maio de 2010, o Conselheiro Relator Cesar Mattos, entendendo ser possível a atuação do CADE, inclusive por meio da advocacia da concorrência, entendeu por bem analisar o marco regulatório do setor para aprofundar a análise das assimetrias regulatórias levantadas. Segundo ele, "caso não se constatasse diferenças significativas, poder-se-ia concluir que se trata meramente de concorrência entre regime público e regime privado, que pode ser ineficiente ou não, o que será analisado posteriormente. Porém, havendo uma assimetria profunda, que inviabilize a existência de um dos regimes, haveria uma distorção significativa à concorrência do setor" (fl. 1.288 dos autos).

Dessa forma, após analisar as assimetrias alegadas, inclusive mediante a solicitação de inúmeras informações à ABRATEC e às partes envolvidas na operação, o Conselheiro Relator concluiu não haver "assimetrias regulatórias que ensejariam uma concorrência desleal por parte dos terminais privativos frente aos terminais públicos", uma vez que

> (i) não existe uma obrigação de universalização e continuidade dos serviços ofertados pelos terminais públicos que pudesse gerar a prática de *cream-skimming*, (ii) não há a prática de *free riding*, visto que todos os terminais pagam as mesmas taxas quando se utilizam dos serviços comuns oferecidos pelo porto organizado, e (iii) todos os terminais são obrigados a se utilizarem do OGMO [Órgão Gestor de Mão de Obra], fato este que apenas ajuda a elevar o Custo Brasil (fl. 1.312 dos autos).

Ainda assim, foram identificadas algumas ineficiências advindas do modelo regulatório então vigente que mereceriam maior atenção por parte das autoridades responsáveis, sobretudo para garantir maior atratividade para investimentos e contribuir para a redução do chamado Custo Brasil. Como consequência, o Conselheiro Relator chegou a cinco conclusões sobre a questão regulatória no setor portuário, abaixo transcritas:

> 1) Não há assimetrias sistemáticas de custos intrínsecas em favor de terminais de uso público ou misto.
>
> 2) As motivações econômicas usualmente observadas para a distinção entre regimes de prestação pública e privada não estão presentes neste setor, o que indicaria que uma convergência dos regimes seria desejável.
>
> 3) A definição de leilões como mecanismo de alocação dessas áreas seria desejável, considerando que os espaços disponíveis para a construção de terminais portuários são ativos escassos. Leilões impessoais tendem a selecionar o agente mais eficiente com mais frequência que os "beauty contests". Na atual sistemática, o critério de beneficiar aquele que pede primeiro pode gerar elevado custo de oportunidade.
>
> 4) Restrições à liberdade dos agentes também acarretam ineficiências desnecessárias, visto que os preços relativos dos produtos/serviços variam com o tempo, não havendo racionalidade econômica em obrigar um determinado terminal transportar um tipo de carga havendo outro tipo que se torne mais rentável. Isso significa uma utilização subótima dos recursos escassos de infraestrutura do país.
>
> 5) Por fim, e mais importante, deve haver regras claras sobre o espaço de concorrência dos agentes que deem segurança jurídica aos investidores, o que eleva os incentivos para a realização de negócios, e, em consequência, o bem-estar social (fl. 1.315 dos autos).

O presente caso é muito interessante porque, ao contrário de vários outros aqui analisados, a avaliação do marco regulatório em nada se relacionou com o mérito da operação analisada – que, conforme se viu, não apresentava qualquer nexo de causalidade e, portanto, foi aprovada sem restrições. Ainda assim, o CADE entendeu por bem avaliar a eficiência das regras aplicáveis ao setor para, ao final, concluindo pela existência de ineficiências que prejudicavam o segmento, pontuar questões específicas que deveriam ser levadas em consideração pelas autoridades responsáveis e, consequentemente, promover o desenvolvimento do mercado[114].

---

114. Mais tarde, foi editada a Medida Provisória n. 595, de 6 de dezembro de 1995 (MP n. 595/1995), convertida na Lei n. 12.815, de 5 de junho de 2013, que reformulou o setor portuário, removendo, de vez, a restrição regulatória dos terminais privativos de carregarem cargas de terceiro. Cf., nesse sentido, a Exposição de Motivos da

e. *Ato de Concentração Petrobrás Gás/Companhia de Gás do Piauí (AC n. 08012.002455/2002-11)*

Em agosto de 2003, o CADE aprovou sem restrições ato de concentração apresentado pela Petrobrás Gás S.A. (Gaspetro), tendo como interessadas a CS Participações Ltda. (CS) e a Companhia de Gás do Piauí (Gapisa), referente ao contrato de concessão de exploração dos serviços de distribuição e comercialização de gás canalizado no Estado do Piauí. Referido contrato foi precedido da criação da Gaspisa em 2001, por meio da Lei Estadual n. 5.192, que havia lançado edital convocando empresas para a formação dessa sociedade de economia mista cujo acionista majoritário era o Estado do Piauí – o restante do capital foi dividido entre a CS e a Gaspetro.

Ao analisar os impactos concorrenciais da operação, o Conselheiro Relator Roberto Pfeiffer constatou que o mercado relevante de gás natural no Estado do Piauí era inexistente antes da concessão, sendo certo que a Gaspisa deveria construir toda a infraestrutura necessária para a operação - que teria também a exclusividade na comercialização do gás natural. Assim, observou que,

> em que pese a tendência atual de tentar implementar a concorrência na comercialização, [...] a configuração monopolística inicial é procedimento comum e necessário na implantação do mercado [...] tendo em conta que (i) este era inexistente até então, (ii) a distribuição de gás requer altos gastos para a implantação da rede de infraestrutura e (iii) o gás natural possui vários substitutos nas suas áreas de aplicação (p. 2 do voto do Conselheiro Relator).

Curioso notar que a ANP sugeriu a aprovação da operação sem restrições, recomendando, contudo (i) "a separação contábil e jurídica das atividades de distribuição e comercialização de gás de modo que se propicie ao Poder Concedente melhores informações

---

MP n. 595/1995: "O novo marco proposto elimina a distinção entre movimentação de carga própria e carga de terceiros como elemento essencial para a exploração das instalações portuárias autorizadas. Nada obstante a existência de dois regimes – um dentro do porto e outro fora dele – a exploração dos portos organizados e instalações será por conta e risco dos investidores".

acerca do desempenho econômico-financeiro das empresas", (ii) "introdução do *by pass*, ou seja, de consumidores livres capazes de comerciar diretamente com produtores em determinado momento do período de concessão, haja vista que não são permitidos pelo atual contrato de concessão", (iii) "modificação do atual regime tarifário, alterando-se o índice escolhido, IGP-DI, por um critério que leve em consideração um fator de redução do teto tarifário com fundamento nos ganhos de eficiência do monopolista", e (iv) "por último, sugere que o contrato leve em consideração o disposto no art. 6º, da Lei nº 8.987/95, que dispõe acerca da interrupção do serviço prestado por inadimplência, uma vez que a cláusula do contrato de concessão que trata do assunto não prevê o aviso prévio ao consumidor exigido pelo artigo da referida lei" (p. 3 do voto do Conselheiro Relator).

As mesmas recomendações foram feitas pela SEAE.

No entanto, por mais pertinentes que fossem as recomendações feitas por ambos os órgãos, o Conselheiro Relator entendeu faltar competência ao CADE para adotá-las, cabendo "aos órgãos Antitruste tão somente solicitar medidas dos entes federados para a adequação da norma à legislação concorrencial, que uma vez não observadas, podem ser objeto de representação do CADE junto ao Ministério Público a fim de resguardar a ordem econômica", sendo "a solução ideal [...] expedir uma recomendação ao poder concedente para que adote as providências listadas pela ANP e SEAE" (p. 4 do voto do Conselheiro Relator)[115].

f. Processo Administrativo n. 08012.009696/2008-78 (Representante: Associação Brasileira dos Provedores de Acesso, Serviços e Informações da Rede Internet-ABRANET e Representada: Telecomunicações de São Paulo)

Trata-se de processo administrativo decorrente de um pleito da ABRANET visando reconhecer a adoção de certas práticas

115. Recomendações semelhantes foram feitas em outros casos envolvendo contratos de concessão para distribuição e comercialização de gás natural, tais como o Ato de Concentração n. 08012.000035/2000-68.

anticoncorrenciais da Telecomunicações de São Paulo (Telefônica) no mercado de provimento de acesso à internet.

O processo teve diversos desdobramentos e incidentes processuais, culminando na propositura de um Termo de Cessação de Conduta (TCC) pela Telefônica. Por ocasião da aprovação dos seus termos pelo Tribunal, o Conselheiro-Relator Cesar Mattos, ao contrapor argumentos trazidos pelos pareceres econômicos juntados aos autos, trouxe considerações específicas a respeito da antiga regulamentação de provimento de acesso à internet que exigia a existência de um provedor de acesso além do próprio serviço de telecomunicações:

> Se existe um mercado cujo fomento vai reduzir o bem-estar do consumidor simplesmente por ser um produto ou serviço que ele só compra porque é obrigado, a autoridade de concorrência não tem o dever de proteger este mercado. O objetivo final da política de concorrência é aumentar bem-estar. Se a proteção de um mercado estiver em contraposição ao bem-estar, a autoridade de concorrência não precisa prestigiar condutas que fortaleçam esse mercado (Voto, fls. 15).

O Relator, assim, reconhece que essa regulamentação específica nem trazia eficiência, nem fomentava a competição e, portanto, não deveria a autoridade concorrencial proteger um mercado que só existe por força de uma regulamentação.

O Voto foi aprovado por unanimidade e não só concluiu pela aprovação da assinatura do TCC apresentado, como também estabeleceu, expressamente:

> Por derradeiro, acolho a sugestão proposta pela SEAE no sentido de que o presente voto seja encaminhado à ANATEL, com a recomendação de que avalie as normas regulatórias discutidas nesse caso, em especial a Norma n. 04/95 e o art. 86 da LGT com o intuito de verificar se estão efetivamente cumprindo o seu papel na promoção da concorrência do setor de telecomunicações.

A título de curiosidade, o art. 86 da LGT acabou sendo reformado pela Lei n. 12.485/2011 (Lei do SeAC), e, efetivamente, a ANATEL optou por revisar a regulamentação aplicável em 2013 (Resolução n. 625 – Regulamento do Serviço Comunicação

Multimídia). Essas alterações, de fato, trataram das preocupações regulatórias identificadas ao longo desse processo administrativo, permitindo que as concessionárias de serviços de telecomunicações passassem a fornecer o serviço de telecomunicações e o provimento de acesso de forma combinada.

6.4 CONCLUSÃO PARCIAL

Algumas conclusões podem ser extraídas do estudo aqui conduzido.

Em primeiro lugar, percebe-se não haver um posicionamento ou procedimento consolidado do CADE com relação ao exercício da advocacia da concorrência. Mesmo identificando efetivos problemas com a regulamentação aplicável no setor analisado, por vezes o órgão antitruste limita-se a tecer críticas e a sustentar que se trata de questões fora de sua competência.

Além disso, percebe-se que, mesmo após a entrada em vigência da nova legislação antitruste em 2012, que delega à SEAE competência específica de advocacia da concorrência, o CADE, em pelo menos algumas ocasiões, exerceu tal função (como visto no AC ALL/Rumo). De todo modo, não se espera que o CADE, diante de um problema identificado, furte-se a tecer comentários e/ou a fazer sugestões para a melhoria da regulamentação apenas porque a nova legislação de defesa da concorrência conferiu essa competência específica à SEAE – no que parece ser uma competência concorrente com o CADE, pelo fato de não haver qualquer referência à exclusividade dessas atividades pela SEAE.

Em tempo, entende-se necessário um acompanhamento das sugestões feitas pelo órgão concorrencial aos reguladores e autoridades competentes. Trata-se de atividade essencial para a melhoria da regulamentação aplicável e, consequentemente, aumento da concorrência e do próprio bem-estar geral. Essa atividade essencial, que objetiva conferir efetividade à advocacia da concorrência, poderia ser realizada pelo CADE – órgão do qual a sugestão de melhoria regulatória proveio – ou pela SEAE (ou outro órgão que venha a ser responsável pela *advocacy* no contexto das reformulações dos ministérios operadas pelo Governo Federal em 2016) – para o que seria recomendável que as sugestões enviadas pelo CADE aos reguladores e autoridades competentes sejam encaminhadas também à SEAE, para fins de acompanhamento futuro.

Nesse sentido, a SEAE poderia conduzir a institucionalização e formalização de procedimentos específicos para o bom e adequado exercício da advocacia da concorrência no país (seja de atividades autônomas de exercício dessa função de advocacia da concorrência, seja de atividades de monitoramento e concretização das atividades de advocacia da concorrência iniciadas pelo CADE). Dessa forma, quer por meio de sugestões feitas pelo CADE, quer por iniciativa própria, a Secretaria poderia estabelecer mecanismos para identificar problemas regulatórios, sugerir melhorias e aperfeiçoamentos nos diversos setores da economia, e acompanhar em que medida tais sugestões são de fato implementadas. Tal conjunto de ações contribuiria não somente para o *enforcement* do dispositivo legal que lhe conferiu tal competência, como também para a promoção da livre concorrência nos diversos setores regulados da economia brasileira.

Assim, conforme sistematização realizada nas seções acima, em casos em que o CADE exerce advocacia da concorrência com recomendações genéricas aos órgãos reguladores e autoridades competentes, a SEAE poderia aprofundar a análise dos problemas levantados, de forma a, entendendo necessário, extrair e apresentar recomendações mais concretas. Já em casos em que o CADE exerce advocacia da concorrência com recomendações e proposições específicas, a SEAE poderia atuar no monitoramento e na avaliação da efetividade das medidas propostas aos órgãos reguladores.

Naturalmente, isso não exclui o papel igualmente importante dos reguladores e das autoridades competentes que tenham recebido sugestões de melhoria regulatória do CADE; eles podem também adotar uma postura mais ativa de voluntariamente responder ao órgão que fez as sugestões, dentro de suas atividades normais de regulação e supervisão, bem como provocar a SEAE para que os auxilie na elaboração de estudos mais aprofundados sobre a matéria – atividade que pode ser facilitada se houver procedimento específico no âmbito da SEAE para tais providências.

CONCLUSÃO

É muito comum que a avaliação de regras regulatórias *vis-à-vis* restrições indevidas à concorrência se limite a um registro de mera invalidade - ilegalidade ou inconstitucionalidade - dessas normas por meio da aplicação do princípio da proporcionalidade. Mas, como visto, o campo de atuação da advocacia da concorrência é bem mais amplo, de modo a contemplar também a sugestão de troca de uma regulação lícita por outra, igualmente lícita, mas menos restritiva da concorrência[116].

É apenas após analisar a adequação e a necessidade da medida regulatória, bem como identificar os custos e impactos na concorrência, que se pode dar o passo adicional de ponderar tais custos com os objetivos públicos da regulação[117].

---

116. JORDÃO, Eduardo Ferreira. *Restrições regulatórias à concorrência*. Belo Horizonte: Fórum, 2009, p. 137-138; JORDÃO, Eduardo Ferreira. A advocacia da concorrência como estratégia para redução do impacto anticompetitivo da regulação estatal. *Revista Eletrônica de Direito Administrativo Econômico*, n. 17, p. 18, fev.-mar.-abr. 2009.

117. RAGAZZO, Carlos Emmanuel Joppert. Análise econômica da regulação: o papel da advocacia da concorrência. *Latin American and Caribbean Law and Economics Association (ALACDE) Annual Papers*, p. 19-21, 2007: "A análise da adequação e da necessidade de medidas regulatórias, em conjunto com a proporcionalidade em sentido estrito, representa o exame jurídico de normas em consonância com o princípio da proporcionalidade, um verdadeiro limite constitucional à regulação, que já vem sendo utilizado em outros países na avaliação do caráter anticompetitivo das regras regulatórias. [...] Somente após a identificação dos custos e efeitos gerados a partir da entrada em vigor de regulamentações com impacto na concorrência é que será possível sua ponderação com outros objetivos regulatórios (que poderão ser os mais variados, como por exemplo, a proteção ao meio ambiente, a redução das desigualdades regionais ou sociais, entre outros). Esse seria, ao menos em tese, o próximo passo a ser tomado na avaliação de regras regulatórias cuja avaliação

Naturalmente, apenas uma conclusão pela ilicitude da regulação autorizaria a adoção de medidas coercitivas posteriores. Todavia, a ponderação final da medida regulatória poderia concluir que ela é efetivamente lícita, embora haja alternativas igualmente efetivas para atender aos objetivos da regulação com menos limitações concorrenciais.

Nesse sentido, é positivo notar que nos desenvolvimentos recentes da prática de advocacia da concorrência no Brasil, as atividades não têm se limitado ao binômio validade/invalidade, tendo apontado sugestões sobre impactos concorrenciais que não necessariamente implicam invalidação da regulamentação (às vezes de forma genérica, outras de forma mais detalhada e específica).

Apesar disso, um aspecto que parece ter sido negligenciado no exercício dessa competência diz respeito à avaliação dos resultados das medidas de advocacia da concorrência. Por diversas razões, uma medida adotada por determinada autoridade para a promoção da concorrência pode não atingir seu escopo, sendo relevante a identificação e a compreensão de tais situações. Ou, ainda que o tenha atingido, pode ser que a ênfase uníssona na livre concorrência venha a comprometer finalidades públicas importantes, especialmente em setores regulados, em que a medida restritiva da concorrência pode se mostrar imperativa e essencial a um propósito público mais relevante[118]. Nesse sentido, foi ressaltada

---

ultrapasse as etapas de adequação e necessidade do princípio da proporcionalidade, o que não ocorreu com o caso DENATRAM ora descrito".

Também, sobre o princípio da proporcionalidade como limite constitucional à regulação, cf. KOHL, Michael. Constitutional limits to anticompetitive regulation: the principle of proportionality. In: AMATO, Giuliano & LAUDATI, Lauraine (eds.). *The anticompetitive impact of regulation*. Cheltenham: Edward Elgar, 2001.

118. JORDÃO, Eduardo Ferreira. *Restrições regulatórias à concorrência*. Belo Horizonte: Fórum, 2009, p. 140-143; JORDÃO, Eduardo Ferreira. A advocacia da concorrência como estratégia para redução do impacto anticompetitivo da regulação estatal. *Revista Eletrônica de Direito Administrativo Econômico*, n. 17, p. 20-21, fev.-mar.-abr. 2009. Ainda sobre o fato de a limitação da concorrência não ser necessariamente negativa, nas hipóteses em que necessária para a realização de objetivos sociais que não se consagram por meio do processo concorrencial, *vide* JORDÃO, Eduardo Ferreira. A advocacia da concorrência como estratégia para redução do impacto

no final do item 4.11 desta obra a posição de que a concorrência não é uma finalidade em si mesma, e que podem existir justificativas econômicas legítimas para a sua restrição.

Um segundo problema estaria em como avaliar o retorno dos recursos públicos gastos com essas atividades de advocacia da concorrência (i.e., quais os resultados reais produzidos a partir do gasto público com advocacia da concorrência), sobretudo diante da natureza não coercitiva (*soft power*) das medidas – embora, como visto no final do item 4.2 desta obra, haja a possibilidade de combinar medidas *soft power* e *hard law* (*e.g.*, medidas opinativas tomadas pela autoridade de *advocacy* no âmbito de processos conduzidos por autoridades judiciais).

Em relação a tais preocupações, Eduardo Ferreira Jordão sugere a condução de pesquisas junto aos reguladores perante os quais se exerceu advocacia da concorrência como uma maneira de se avaliar os resultados efetivos da medida, além de ponderar que a efetividade da advocacia da concorrência depende, em larga medida, de uma "cultura institucional e administrativa de cooperação mútua"[119].

Talvez o ponto central seja exatamente uma cultura de cooperação mútua que não se limite apenas aos órgãos da administração pública, mas que também contemple e integre as relações do poder público com a sociedade civil e os próprios jurisdicionados, destinatários finais das políticas concorrenciais, sociais e regulatórias. Esse aspecto é frisado expressamente por Simone Pieri, Vicente Bagnoli & Malgorzata Kozak, ao defenderem que serão potencialmente bem-sucedidas apenas as reformas de legislação concorrencial que levem em consideração as perspectivas de todos os envolvidos, razões por que as atividades de advocacia da concorrência devem ser confirmadas, no futuro breve, com importantes determinantes

---

anticompetitivo da regulação estatal. *Revista Eletrônica de Direito Administrativo Econômico*, n. 17, p. 3, fev.-mar.-abr. 2009.

119. JORDÃO, Eduardo Ferreira. *Restrições regulatórias à concorrência*. Belo Horizonte: Fórum, 2009, p. 143.

de mudança[120]. Realmente, tanto quanto é importante uma postura de coordenação e boa-fé entre os diversos órgãos públicos com funções-objetivo específicas e políticas públicas a conduzir[121], é essencial haver transparência, justificação e *accountability* sobre quais escolhas foram feitas e por quê.

Por fim, esta conclusão destaca o que seriam recomendações tendentes a incrementar a efetividade da advocacia da concorrência no Brasil, com base no estudo aqui proposto – sem prejuízo do aprofundamento do debate público:

a) Espera-se que as reformulações dos ministérios operadas pelo Governo Federal em 2016 não signifiquem o desaparecimento dessa agenda microeconômica importantíssima, que precisa avançar em paralelo com as atividades de *enforcement* do direito concorrencial, e uma efetiva continuidade das atividades de advocacia

---

120. PIERI, Simone; BAGNOLI, Vicente & KOZAK, Malgorzata. The role of competition authorities in competition law reforms. *Revista IBRAC*, v. 26, p. 217, jul.-dez. 2014. Interessante que os autores defendem que as atividades de advocacia de reformas pró-competitivas pelas autoridades concorrenciais poderiam ser bem descritas pelas palavras *intervencionismo*, *interação* e *cooperação*; *intervencionismo* no sentido de que ineficiências devem ser antecipadas e prevenidas via uma participação mais intrusiva na regulação *ex ante* de dinâmicas do mercado e não apenas por meio da atividade de *enforcement ex post*; *interação e cooperação* no sentido que mercados e práticas cada vez mais transnacionais exigem interação e colaboração, não apenas entre as autoridades concorrenciais de diversas jurisdições, mas também entre todas as partes que se beneficiam de um regime concorrencial, como governos, parlamentos, tribunais, organizações, indústrias e consumidores.

121. Relacionado a esse ponto, José Tavares de Araujo argumenta que a Lei n. 12.529/2011 – referindo-se às competências atribuídas à SEAE em matéria de advocacia da concorrência – conferiu ao SBDC "instrumentos para enfrentar seu principal desafio, que é o de promover a articulação entre a defesa da concorrência e as demais políticas públicas", uma atribuição que o autor entende ser facilitada (porém não sem desafios) pelo fato de as atividades de advocacia da concorrência terem surgido, no Brasil, como consequência da consolidação institucional da autoridade antitruste (ARAUJO, José Tavares de. Antitruste e advocacia da concorrência: perspectivas do Sistema Brasileiro de Defesa da Concorrência à luz da experiência australiana. In: MONTEIRO FILHA, Dulce; PRADO, Luiz Carlos Delorme; LASTRES, Helena M. M. (orgs.). *Estratégia de desenvolvimento, política industrial e inovação*: ensaios em memória de Fabio Erber. Rio de Janeiro: BNDES, 2014, p. 309, 311-312 e 322-323).

da concorrência exigirá sejam atribuídos à SEAE ou a órgão equivalente as ferramentas e um quadro funcional apropriados.

b) Seria salutar que os agentes econômicos privados também tivessem algum tipo de atuação no âmbito de debates governamentais sobre advocacia da concorrência. Entende-se que tal atuação deveria ocorrer no âmbito de um procedimento a tramitar na SEAE.

c) Deveria ser reconhecido algum nível de discricionariedade na atuação da autoridade pública responsável pela advocacia da concorrência com base no referido procedimento, especialmente se a discussão envolver diversas alternativas igualmente lícitas ou se não for a mais relevante diante de uma agenda de prioridades da Secretaria. Entretanto, deve haver algum tipo de resposta motivada ao pleito formulado pelo interessado, ainda que seja para justificar a recusa em atuar frente ao problema regulatório relatado.

d) Devem ser estabelecidas hipóteses nas quais órgãos legislativos e executivos (das administrações direta ou indireta) federais, estaduais e municipais devem obrigatoriamente consultar a SEAE no contexto da proposição de leis e regulamentos que possam dar ensejo a restrições concorrenciais. A Secretaria deve ter papel fundamental no estabelecimento de tais hipóteses.

e) Os pareceres da SEAE dirigidos a órgãos legislativos e executivos não devem ser vinculantes, mas é necessário que os órgãos destinatários tenham o dever de responder motivadamente ao parecer; não se trata, portanto, de impor aos órgãos destinatários medidas específicas, mas apenas de exigir deles motivação e justificação adequadas para suas escolhas.

f) Todas as iniciativas tomadas pela SEAE no âmbito da advocacia da concorrência devem ter como regra a publicidade, o que inclui a publicação de todo e qualquer tipo de estudo. Em casos determinados, uma decisão fundamentada pode estabelecer a existência de interesse público para que a matéria seja tratada como de acesso restrito – sempre resguardado o dever de publicação desta depois de decorrer tempo suficiente para que não haja mais dano aos interesses que justificaram a atribuição de acesso restrito.

g) Todo e qualquer exercício de advocacia da concorrência pelo CADE (recomendações genéricas ou específicas) deve ser comunicado à SEAE, que exercerá sua discricionariedade para decidir se (i) monitora as recomendações específicas formuladas pelo CADE ou (ii) aprofunda as recomendações genéricas formuladas pelo Conselho – em ambos os casos, mediante decisões motivadas e justificadas.

h) É importante que a SEAE também monitore a implementação das recomendações que realiza e avalie a sua efetividade, como forma de auxiliar a priorização de suas futuras atividades e promover avanços à forma como devem ser conduzidas, bem como para demonstrar que os objetivos propostos foram atingidos e destacar o valor das intervenções da advocacia da concorrência – a experiência internacional, nesse ponto, pode oferecer subsídios para a maneira de efetuar esse monitoramento e avaliação.

Com isso, espera-se ter destacado a relevância da advocacia da concorrência como política de Estado e/ou governo e a importância do papel desempenhado pela SEAE e pelo CADE no exercício de tal atribuição. Por esse motivo, mesmo diante das reformulações dos ministérios operadas pelo Governo Federal em 2016, é importante a perpetuação de uma agenda de política microeconômica que considere a análise crítica e a avaliação propositiva feitas nesta obra. Tal objetivo deve ser garantido, sobretudo, pela autonomia técnica das análises que vêm sendo realizadas pela SEAE em relação a outras políticas regulatórias que a princípio poderiam prescindir (mesmo não devendo) do auxílio de uma análise antitruste.

REFERÊNCIAS

ARAUJO JR., José Tavares de. Antitruste e advocacia da concorrência: perspectivas do Sistema Brasileiro de Defesa da Concorrência à luz da experiência australiana. In: MONTEIRO FILHA, Dulce; PRADO, Luiz Carlos Delorme; LASTRES, Helena M. M. (orgs.). *Estratégia de desenvolvimento, política industrial e inovação*: ensaios em memória de Fabio Erber. Rio de Janeiro: BNDES, 2014. p. 309, 311-312 e 322-323.

_____. Integração vertical e competição no setor de GLP: anatomia de um falso debate. Julho de 2015, 13 p. Disponível em: <http://www.ecostrat.net/files/Verticalizacao-Anatomia_de_um_falso_debate-Jose_Tavares.pdf>. Acesso em: 16.09.2015.

CASELLI, Bruno Conde. A interação entre SEAE e ANP à luz da nova Lei de Defesa da Concorrência (Lei n. 12.529/2011). *Revista do IBRAC*, v. 26, jul.-dez. 2014.

COSTA, Adriano Augusto do Couto; RAMOS, Marcelo de Mattos; TAUFICK, Roberto Domingos. A New Horizon for Competition Advocacy in Brazil. In: CUGIA, Fabrizio; NOORMOHAMED, Rehman; GUIMARÃES, Denis Alves (eds.). *Communications and Competition Law*: Key Issues in the Telecoms, Media and Technology Sectors. Alphen aan den Rijn, The Netherlands: International Bar Association Series/Kluwer Law International, 2015. p. 362-364.

EMBERGER, Geraldine. How to strengthen competition advocacy through competition screening. *Competition Policy Newsletter*, União Europeia: Primavera de 2006, n. 1. Disponível em: <http://ec.europa.eu/competition/publications/cpn/cpn_2006_1.htm>.

EVENET, Simon J. Competition advocacy: time for rethink? *Northwestern Journal of International Law and Business*, v. 26, 2005-2006.

FRANCO, Gustavo H. B. CADE: seu foco e seu lugar. In: FRANCO, Gustavo H. B. *Crônicas da convergência*: ensaios sobre temas já não tão polêmicos. 2. ed. Rio de Janeiro: Topbooks, 2006. p. 437-439.

FREIRE, Marusa. A atuação do CADE diante da desestatização. *Revista de Direito Econômico*, Brasília, n. 23, abr.-jun. 1996.

GUIMARÃES, Denis Alves; ANDREOLI, Daniel O. Comentários ao Título IV – Do Patrimônio, Das Receitas, e Da Gestão Administrativa, Orçamentária e Financeira. In: ANDERS, Eduardo Caminati; PAGOTTO, Leopoldo; BAGNOLI, Vicente. *Comentários à Nova Lei de Defesa da Concorrência*. Rio de Janeiro: Forense; São Paulo: Método, 2012. p. 107-108.

JORDÃO, Eduardo Ferreira. A advocacia da concorrência como estratégia para redução do impacto anticompetitivo da regulação estatal. *Revista Eletrônica de Direito Administrativo Econômico*, n. 17. fev.-mar.-abr. 2009.

_____. *Restrições regulatórias à concorrência*. Belo Horizonte: Fórum, 2009.

KNYAZEVA, Irina. Competition Advocacy: Soft Power in Competitive Policy. *Procedia Economics and Finance 6*, 2013.

KOHL, Michael. Constitutional limits to anticompetitive regulation: the principle of proportionality. In: AMATO, Giuliano & LAUDATI, Lauraine (eds.). *The anticompetitive impact of regulation*. Cheltenham: Edward Elgar, 2001.

LUNEBURG, William V.; SUSMAN, Thomas M.; GORDON, Rebecca H (eds.). *The Lobbying Manual*: a complete guide to federal lobbying law and practice. 4. ed. Chicago: ABA Publishing (American Bar Association, Section of Administrative Law and Regulatory Practice), 2009.

MANCUSO, Wagner Pralon. *Lobby*. In: DI GIOVANNI, Geraldo; NOGUEIRA, Marco Aurélio (orgs.). *Dicionário de Políticas Públicas* A-L. São Paulo: FUNDAP, 2013. p. 539.

MONTEIRO, Carmem Diva Beltrão. Advocacia da concorrência em atividades de normalização no Brasil. *Respvblica*, v. 9, n. 2, jul.-dez. 2010.

OHLHAUSEN, Maureen K. *An Ounce of Antitrust Prevention Is Worth a Pound of Consumer Welfare*: The Importance of Competition Advocacy and Premerger Notification. 5 de novembro de 2013. Santiago: Eleventh Annual Competition Day. Discurso concedido à Fiscalia Nacional Economica.

OLIVEIRA, Gesner. Defesa da concorrência em países em desenvolvimento: aspectos da experiência do Brasil e do Mercosul. *42ª Reunião do Fórum Permanente da Concorrência.*

PASTORE, Ricardo Ferreira. Advocacia da concorrência no Brasil. In: BRANCHER, Paulo; ZANOTTA, Pedro (orgs.). *Desafios atuais do direito da concorrência.* São Paulo: Singular, 2008. p. 21-48.

PIERI, Simone; BAGNOLI, Vicente & KOZAK, Malgorzata. The role of competition authorities in competition law reforms. *Revista IBRAC*, v. 26, p. 217, jul.-dez. 2014.

PRADO, Luis Carlos Delorme. Defesa da Concorrência e Desenvolvimento: notas sobre o debate e sua aplicação no caso brasileiro. In: MONTEIRO FILHA, Dulce; PRADO, Luis Carlos Delorme; LASTRES, Helena M. M. (orgs.). *Estratégia de desenvolvimento, política industrial e inovação*: ensaios em memória de Fabio Erber. Rio de Janeiro: BNDES, 2014.

RAGAZZO, Carlos Emmanuel Joppert. Análise econômica da regulação: o papel da advocacia da concorrência. *Latin American and Caribbean Law and Economics Association (ALACDE) Annual Papers*, 2007.

RODRIGUEZ, A. E.; COATE, Malcolm B. Competition policy in transition economies: the role of competition advocacy. *Brookling Journal of International Law*, v. 23, 1997-1998.

SEAE. Relatório de atividades, 2006. Disponível em: <http://www.seae.fazenda.gov.br/central-de-documentos/relatorio-de-gestao>. Acesso em: 22.07.2015.

SILVEIRA, Antonio Henrique P.; SANTANA, Pricilla Maria; FARIA, Ricardo Moura de A. A SEAE e a Advocacia da Concorrência. In: FARINA, Laércio (org.). *A nova lei do Cade*: o 1º ano na visão das autoridades. Ribeirão Preto: Migalhas, 2013. p. 83.

DOCUMENTOS INTERNACIONAIS

APEC-OECD, U.S. *Response to APEC-OECD Integrated Checklist on Regulatory Reform*. 2006.

APEC-OECD. *Co-operative initiative on regulatory reform*. 2008.

BANCO INTERAMERICANO DE DESENVOLVIMENTO (BID) E A ORGANIZAÇÃO PARA A COOPERAÇÃO E O DESENVOLVIMENTO ECONÔMICO (OCDE). Lei e Política de Concorrência no Brasil, uma revisão pelos pares. 2005. Disponível em <http://www.oecd.org/brazil/35684126.pdf>. Acesso em: 27.06.2015.

ICN ADVOCACY WORKING GROUP. Advocacy and Competition Policy Report. *Conference*, Naples, Italy, 2002. Disponível em: <www.international-competitionnetwork.org/uploads/library/doc358.pdf>.

ICN ADVOCACY WORKING GROUP. Advocacy Toolkit. Part I: Advocacy process and tools. Haia: International Competition Network, Maio/2011. *10th Annual Conference of the ICN*. Disponível em: <http://www.internationalcompetitionnetwork.org/uploads/library/doc745.pdf>.

LONDON ECONOMICS. Evaluation of OFT competition advocacy. Disponível em: <http://londoneconomics.co.uk/blog/publication/evaluation-of-oft-competition-advocacy/>.

OECD. *Guia de Avaliação de Concorrência*: Princípios. Vol. I. Disponível em: <www.oecd.org/daf/competition/46969642.pdf>.

OCDE. Competition Advocacy: Challenges for Developing Countries. *OECD Journal*, Competition Law and Policy, 2004, v. 6, Issue 4.

OFT. Competition and Growth – The Role of a Competition Agency. Disponível em: <http://www.lse.ac.uk/researchAndExpertise/units/growthCommission/documents/pdf/contributions/lseGC_oft_competition.pdf>. Acesso em: 29.05.2015.

OFFICE OF MANAGEMENT AND BUDGET. *Circular A-4*, 17 de setembro de 2003.

MOROCCAN COMPETITION COUNCIL. Recommended Practices on Competition Assessment. In: *The 13th Annual ICN Conference*. Marrakech: 2014, 11 p. Disponível em: <http://www.icnmarrakech2014.ma/page.aspx?id=46>.

US DEPARTMENT OF JUSTICE. *Antitrust Division Manual*. Fifth Edition, Chapter V – Competition Advocacy. Washington, DC, Estados Unidos: US Department of Justice – Antitrust Division, 2015. 369 p. Disponível em: <http://www.justice.gov/atr/public/divisionmanual/>. Acesso em: 29.05.2015.

DECISÕES ADMINISTRATIVAS E JUDICIAIS E PARECERES ADMINISTRATIVOS

CADE. Ato de Concentração n. 08700.009732/2014-93, Requerentes: Telefônica Brasil S.A., Telefónica S.A., GVT Participações S.A. e Vivendi S.A., Rel. Márcio de Oliveira Júnior, *DOU* 31.03.2015.

_____. Ato de Concentração n. 08700.005719/2014-65, Requerentes: Rumo Logística Operadora Multimodal S/A e ALL – América Latina Logística S.A, Rel. Conselheiro Gilvandro Vasconcelos Coelho Araujo, *DOU* 26.02.2015.

_____. Ato de Concentração n. 08012.004341/2009-73, Requerentes: Cosanpar Participações S.A. e Shell Brasil Ltda., Rel. Conselheiro Olavo Zago Chinaglia, *DOU* 11.02.2011.

_____. Ato de Concentração n. 08012.005789/2008-23 e 53500.012477/2008, Requerentes: Invitel S.A., Brasil Telecom S/A, Banco de Investimentos Credit Suisse (Brasil) S.A. e Telemar Norte Leste S.A. "OI", Rel. Conselheiro Vinícius Marques de Carvalho, *DOU* 20.10.2010.

_____. Ato de Concentração n. 08012.007452/2009-31, Requerentes: Odebrecht Investimentos em Infra-Estrutura Ltda. e DP World Fze, Rel. Conselheiro César Costa Alves de Mattos, *DOU* 21.05.2010.

_____. Ato de Concentração n. 08012.002455/2002-11, Requerentes: Companhia de Gás do Piauí – Gaspisa, CS Participações Ltda e Petrobrás Gás S/A – GASPETRO, Rel. Conselheiro Roberto Augustos Castellanos Pfeiffer, *DOU* 11.08.2003.

_____. Processo Administrativo n. 08012.011381/2008-91, Representante: SDE Ex Officio, Representada: Cooperativa Rádio Táxi Uberaba – COOPERTAXI, Rel. Conselheiro Eduardo Pontual Ribeiro, *DOU* 12.08.2014.

_____. Processo Administrativo n. 08012.008501/2007-91, Representante: Global Village Telecom e Outros, Representada: Tim Brasil Serviços e Participações S.A. e Outras, Rel. Conselheira Ana Frazão, *DOU* 18.09.2013.

_____. Processo Administrativo n. 08012.009497/2010-84, Requerentes: Tam S.A. e Lan Airlines S.A., Rel. Conselheiro Olavo Zago Chinaglia, *DOU* 16.12.2011.

_____. Processo Administrativo n. 08012.001822/2003-31, Representante: Ministério Público do Estado de São Paulo, Representada: Funerárias integrantes da AFA – Assoc. das Empresas de Atibaia/SP., Rel. Conselheiro Olavo Zago Chinaglia, *DOU* 03.09.2010.

_____. Processo Administrativo n. 53500.005770/2002, Representante: Empresa Brasileira de Telecomunicações S/A – Embratel, Representada: Telecomunicações de São Paulo S.A – TELESP, Rel. Conselheiro Elvino de Carvalho Mendonça, *DOU* 24.02.2006.

_____. Processo Administrativo n. 08012.009696/2008-78, Representante: Associação Brasileira dos Provedores de Acesso, Serviços e Informações da Rede Internet – ABRANET, Representada: Telecomunicações de São Paulo.

Relatório de Atividades da SEAE, 2006.

Nota Técnica n. 06002/2006/DF COGDC/SEAE/MF, de 2 de fevereiro de 2006.

Nota Técnica n. 06005/2006/DF COGDC/SEAE/MF, de 27 de março de 2006.

Parecer Analítico sobre Regras Regulatórias n. 211/COGEN/COGCR/SEAE/MF.

LEGISLAÇÃO E NORMAS ADMINISTRATIVAS

Lei n. 12.529, de 30 de novembro de 2011.
Lei n. 8.884, de 11 de junho de 1994.
Lei n. 8.158, de 8 de janeiro de 1991.
Lei n. 6.729, de 28 de novembro de 1979.
Decreto n. 8.391, de 16 de janeiro de 2015.
Decreto n. 8.058, de 26 de julho de 2013.
Decreto n. 7.482, de 16 de maio de 2011.
Decreto n. 7.386, de 8 de dezembro de 2010.
Decreto n. 7.301, de 14 de setembro de 2010.
Decreto n. 7.050, de 23 de dezembro de 2009.
Decreto n. 6.764, de 10 de fevereiro de 2009.
Decreto 6.661, de 25 de novembro de 2008.
Decreto n. 6.654, de 20 de novembro de 2008.
Decreto n. 6.531, de 4 de agosto de 2008.
Decreto 6.313, de 19 de dezembro de 2007.
Decreto n. 6.193, de 22 de agosto de 2007.
Decreto n. 6.102, de 30 de abril de 2007.
Decreto n. 5.949, de 31 de outubro de 2006.
Decreto n. 5.510, de 12 de agosto de 2005.
Decreto n. 5.136, de 7 de julho de 2004.
Decreto n. 4.643, de 24 de março de 2003.
Decreto n. 1.751, de 19 de dezembro de 1995.
Portaria Denatran n. 47, de 18 de março de 1999.
Projeto de Lei n. 1.539, de 13 de maio de 2015.
Projeto de Lei n. 5.877, de 12 de setembro de 2005.

ANEXO I

Acordos e convênios em vigor dos quais a SEAE é parte e que têm por objeto advocacia da concorrência, que puderam ser identificados após filtragem dos documentos disponibilizados no site http://www.Seae.fazenda.gov.br/legislacao/acordos. Acesso em: 07.08.2015.

(i) Acordo entre o governo da República Federativa do Brasil e o Governo dos Estados Unidos da América relativo à cooperação entre suas autoridades de defesa da concorrência na aplicação de suas leis de concorrência (26.10.1999);

(ii) Convênio que entre si celebram a União, por intermédio da SEAE/MF, e o Instituto Brasileiro de Estados das Relações de Concorrência e de Consumo – atual IBRAC (6.11.1999);

(iii) Acordo entre o governo da República Federativa do Brasil e o Governo da Federação da Rússia sobre Cooperação na área da política de concorrência (dezembro de 2001);

(iv) Acordo de cooperação entre a República Federativa do Brasil e a República Argentina relativo à cooperação entre suas autoridades de defesa da concorrência na aplicação de suas leis de concorrência (16.10.2003);

(v) Entendimento sobre cooperação entre as autoridades de defesa da concorrência dos Estados Partes do Mercosul para a aplicação de suas leis nacionais de concorrência (MERCOSUL/CMC/DEC. Nº 04/04, 07.07.2004);

(vi) Convênio que entre si celebram o Banco Central do Brasil (BACEN), a SDE e a SEAE, relativo à ação coordenada de suas atividades de análises e de estudos, bem como ao intercâmbio de informações e outras atividades correlatas (14.07.2006):

(vii) Entendimento de cooperação entre a Fiscalia Nacional Económica do Chile e o CADE, a SDE e a SEAE do Governo da República Federativa do Brasil, acerca da aplicação de suas respectivas normas de defesa da concorrência (outubro de 2008);

(viii) Protocolo de cooperação técnica celebrado entre o SBDC e a autoridade da concorrência de Portugal (14.01.2010);

(ix) Acordo de Defesa da Concorrência do Mercosul (MERCOSUL/CMC/DEC. N. 43/10, 16.12.2010).

Esta obra foi composta nas fontes Minion Pro, corpo 11, diagramada por Brandão Design e impressa pela Gráfica Rettec em papel off-set 75g. e capa em papel Cartão LD TP POPLAR 250g. para a Editora Singular em Outubro de 2016.